21世紀★世界は変えられる！
世界に響く革命のプレリュード

原　隆 著

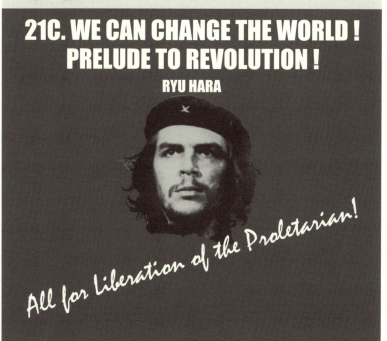

21C. WE CAN CHANGE THE WORLD !
PRELUDE TO REVOLUTION !

RYU HARA

All for Liberation of the Proletarian!

社会評論社

21世紀　世界は変えられる！──世界に響く革命のプレリュード＊目 次

プロローグ　パラダイム・シフトを迫られた思考──行動様式──7
　　マルクス主義の再創造　9
　　旧来の常識・既成概念に囚われない思考　11

第Ⅰ部　21世紀のデモクラシーとは何か

第1章　危機か再生か、岐路に立つ民主主義──15
　（1）デモクラシーの既成概念を破る　15
　（2）デモクラシーって何だ　16
　（3）マルキシズムとデモクラシー　20

第2章　民主主義　再生への道──23
　（1）デモクラシーの再生を拓くコミューン　23
　（2）マルクス『フランスの内乱』（1871年）　25
　（3）レーニン『国家と革命』（1917年8－9月）　26

第3章　草の根民主主義のうねり──31
　（1）世界に響く革命の序奏　31
　（2）「15年安保」闘争──草の根民主主義のうねり　32
　（3）草の根民主主義が左翼を変える　36
　（4）全てはプロレタリアの解放にために！　41

第4章　21世紀の希望のコミューン──43
　（1）未来に種を蒔くビジョンとポリシー　43
　（2）岐路に立つ左翼──問われる存在意義　45

第5章　沖縄の自決権──49
　（1）繰り坂される琉球処分──植民地化と同化主義　49
　（2）マルクスとレーニンの自決権の思想　52
　（3）スコットランド独立運動と民主主義　55
　（4）国内植民地ゆえの差別政策──同化主義　57

第Ⅱ部　21世紀のプロレタリアとは何か

第1章　現代社会の階級論 ―――――――――――― 65
はじめに　65
（1）　現代の階級論　66
（2）　マルクスの根本思想　72

第2章　マルクス階級論の再構成 ―――――――――― 77
（1）　伝統的階級論の経済還元主義　77
（2）　グローバリズムと格差・階層分化　80

第3章　現代のプロレタリア ――――――――――― 87
（1）　プロレタリア概念の再生か解体か　87
（2）　プロレタリアの逆説的な原意　88
（3）　労働者の階級分化と階級形成の課題　92

第4章　労働者階級内の階層分化 ――――――――― 101
（1）　階級形成と連帯　101
（2）　新たな貧困と分断　104

第5章　プロレタリア概念の再創造 ―――――――― 111
（1）　教条主義との訣別　112
（2）　マルクスのプロレタリア概念　114
（3）　分断を越える連帯　117
まとめ　121

第Ⅲ部　21世紀の世界を変える新機軸とは何か

第1章　未来に種を蒔く希望の道 ――――――――― 129
（1）　新たな変革の展望　129
（2）　変革の炎を燃え上がらせる灯火を！　130
（3）　公正・平等な権利と連帯のために！　132

（4）　新たな情勢の到来　134
　　　（5）　G8体制の崩壊——多極化する世界　135
　　　（6）　グローバリズムに伴うナショナリズムの台頭　137

第2章　反格差運動への招待 ───── 139
　　　（1）　格差・社会的排除に抗う社会運動　140
　　　（2）　社会保障を解体し格差広げる新自由主義　143
　　　（3）　格差拡大と民主主義の危機　145
　　　（4）　グローバル資本の暗部——タックスヘイブン　147

第3章　パレスチナに自由を！ ───── 151
　　　（1）　パレスチナ問題のキーポイント　151
　　　（2）　パレスチナに連帯を！　154
　　　〈参考資料〉ラジ・スラーニ氏のメッセージ　155
　　　（3）　国境を越えた連帯が世界を変える！　157

エピローグ　希望と情熱の灯火を！ ───── 159

プロローグ
パラダイム・シフトを迫られた思考—行動様式

　時代は大きくうねり、いまや世界中で「革命の序奏（プレリュード）」が響いている。私たちは今、虐げられし持たざる者—プロレタリアが、自らの解放のために国境を越えて連帯し、資本主義に対する蜂起・反抗・逆襲を拡大しながら新しい時代の扉を開こうとする大きな変革の時代—革命途上の「過渡期」を生きているのである。それは政治・経済・社会の枠組み（パラダイム）が根本から大きく変わってしまうような変革期に、私たちが立ち会っていることを意味している。

　では何故いま、「デモクラシー」なのか、「プロレタリア」なのか。それは、ここに、時代の大きな変化を捉える手掛かり、キーポイントがあるからだ。すなわち、草の根民主主義（グラスルーツ・デモクラシー）が、いま世界に「新しい変革のうねり」を起こしている。それを基調にして格差・貧困に苦しむ99％—持たざる者・プロレタリアが、世界的同時多発的に資本主義グローバリズムへの怒りに燃えた逆襲を始めているからである。

　草の根民主主義のうねりは、人々・プロレタリアの深い部分での意識変化に根差している。それは劣化した制度的政治—代議制に対する怒り、そして新自由主義・グローバリズムがもたらした格差・貧困・不平等に対する燎原の火のように広がった怒りの反乱—2011年の欧州「インディグナードス（怒れる者）」、米国の「オキュパイ・ウォールストリート」に象徴されている。街頭での抗議や広場の占拠といった非制度的回路による直接行動を可視化することを通して、「人間らしく生きられる権利と尊厳」を取り戻すために、草の根から「真の民主主義」を戦い取ろうとする「新しい変革のうねり」である。このうねりは、世界中に大きなインパクトを与え瞬く間に広

がっていった。日本では2011年3.11福島原発事故以降の反原発運動や15年8.30国会周辺を12万人が埋め尽くした安保法制反対デモ、台湾では14年のひまわり運動、香港では雨傘運動という形になって波及した。私たちに新たな変革の息吹を感じさせ、インスピレーションを刺激してくれたといえる。

　こうした20世紀の闘い方とは様相を異にした新たな情勢の到来は、私たちに旧来の常識や既成概念に囚われた思考―行動様式からの脱却―パラダイム・シフトを迫っているのである。時代とともに変化する情勢に、いかに対応すべきか、反資本主義運動の新機軸―新しいイニシアティブをいかに創造しうるかが、問われているのだということを肝に銘じる必要がある。ところが旧来型左翼の大半は、この「新しい変革のうねり」ともいえる草の根民主主義を基調にした新しいタイプの社会運動に対してまったくと言っていいほど無関心であったり、無視するか退ける傾向にある（A・ネグリやD・ハーヴェイも批判）。60―70年代のステレオタイプ化された思考―行動様式や戦略から脱却できず、いまだに踏襲できると思い込んで時代錯誤に陥っているからだ。このような21世紀の新しい「時代の要請」に応えられない、あるいは応えようとしない旧来型左翼は、存在意義を失い廃れていくばかりであろう。そのことへの危機感こそが問われているのである。淀んで廃れゆく旧来型左翼か、再生を期して自ら変わろうとする左翼か、その分水嶺をなすメルクマール（指標）が、まさに「デモクラシー論」と「プロレタリア論」の再構成にある。

　歴史の節目にあって、何のために、どのような社会を目指すのか、それをいかにして実現するのか、その変革を担う主体は誰なのか―という変革のビジョンとポリシー、そして可能性を現実性に転化する新たなイニシアティブ（新機軸）が、今ほど求められている時機はない。この「時代の要請」に応えるためにも、またそれを担う左翼を再生するためにも、旧来の思考―行動様式の根本的な変革―パラダイム・シフトが迫られている。「デモクラシー論」と「プロレ

タリア論」の21世紀に於る再構成は不可欠なテーマである。なぜなら、この「デモクラシー」と「プロレタリア」の問題に時代遅れでステレオタイプ化し劣化した正統派マルクス主義の「歪み」「淀み」が最も凝縮されているからである。この「歪み」「淀み」を正すことが、旧来の正統派マルクス主義とのコントラスト・違いを明瞭にするためには重要な指標である。同時にマルクスとレーニンの根本思想を21世紀に再創造するために避けては通れない課題であるからだ。

　本書の基層を貫くテーマは、まさに「21世紀の世界を変える」ため、未来に「革命の種を蒔く」（ゲバラ）ために、自らの「立ち遅れ」や「淀み」に無自覚ですっかり時代遅れになってしまった左翼の思考―行動様式を変えることにあり、マルクス主義のイニシアティブを再創造することである。時代の変化に対応して世界を変えるには、その変革を担う主体自身も変わらなければならないと考えるからである。

　私たちはみな資本主義によって「見えない鎖で繋がれている」（マルクス）。「自由でないのに自由だと思っている人間ほど奴隷になっている」（ゲーテ）といえる。だからこそ自由と解放を求める人間は、怒り、反抗し、世界を変えることによって、同時に自分自身を変えることができるのである（マルクス）。世界に響くプロレタリアの怒りの声は、革命の序奏（プレリュード）に他ならないのだ。「世界は日々塗り替えられている。新たな世界の夜明けの色、希望の色、レッドに」（ビクトル・ユゴー原作の映画『レ・ミゼラブル』より）。

マルクス主義の再創造

　左翼の存在意義（レゾンデートル）を左右する内実として、「プロレタリア（持たざる者）の解放」を使命とするマルクス主義を根本から問い直すための「思想の問い」が、あらためて重要な課題になっている。それは、左翼の「再生」を困難にし苦境に立たせてきた原因を解き明かすためのテーマでもある。ではなぜ、いまだにマルク

ス主義をラディカルに再創造することがなおざりにされ思想的な混迷から脱しえないでいるのか。

　その理由は、マルクス主義の固定観念に浸った教条（ドグマ）主義や、マルクス主義を著しく歪めたスターリン主義に呪縛されてしまって思考―行動様式、政治文化に於る「旧い殻」を破ることができないできたことにある。その結果、マルクス主義そのものを投げ捨て変節したり、マルクス主義のいわゆる「原点回帰」にとどまっていて、時代のパラダイムが大きく変わってきたにもかかわらず、その「再創造」に失敗し、かつての輝きを取り戻せないできたのである。

　その背景には、89―91年の東欧―旧ソ連の「疑似社会主義＝スターリン主義」体制崩壊、「冷戦」終焉という「戦後レジーム」の大転換と、その後のグローバリズム・新自由主義の急激な進展に伴う格差・貧困・不平等の拡大やその反作用であるナショナリズムの台頭といった世界情勢―時代の枠組みの大きな変容に対応する（ついていく）ことができなくなったことがある。それゆえ反グローバリズム―反資本主義運動の主体を担えずイニシアティブを喪失していったのである。要するに、思考の「劣化」が行動様式や政治文化の「淀み」をもたらし、今日の左翼の立ち遅れと退潮を招いたといえる。

　したがって私たちは、こうした時代遅れでステレオタイプの淀んだ旧来型左翼と「同類」と思われることは心外なのである。そう見なされるようではおよそ左翼再生の展望はありえないからである。では伝統的正統派（オーソドックス）の左翼と「どこが違うのか」、同類ではないこと、異色な左翼―アンチ・オーソドックス、ラディカル・レフトであることをどのように明瞭に示していくことができるのか。ステレオタイプの見えない衣をまとったオーソドックスの旧来型左翼をいわば反面教師として、異色で斬新、ユニークな観点を人の心に届くように訴えることができなければ、ラディカル左翼の再生は成しえないのである。まさに淀んだオーソドックス左翼か、

それとも自ら再生を期して変わろうとするラディカル左翼か、そういうかつてない岐路に左翼は立たされているのである。

武道や芸術の世界には、「守・破・離」という考え方がある。どういう意味かというと、まず教えられたことをその通りにやることで基礎を創るのが「守」。次に自分なりに創意工夫して前例や旧来のモデルを破るようになるのが「破」。そして、これまで学んだことや通念からいったん離れ自由になって、新しい次元を模索し、自在に創造できるようになるのが「離」であると言われている。何事も基礎が肝心であり、その上で旧来の常識や既成概念に囚われずパラダイム・シフトを試みる。情熱と創意で不断に試行錯誤を重ね切磋琢磨することで新次元の再創造が可能になる。またそうしなければ生命力は涸れ廃れかねない。あるところに留まっていては淀み腐ってしまうということなのである。およそ教条主義とは対照的な発想だ。

旧来の常識・既成概念に囚われない思考

グローバリズムが世界を席巻し、それに伴う反作用（アンチノミー）としてナショナリズム・国家主義が台頭する21世紀の今日において、世界を変えるためには、グローバル資本に対抗する新機軸を打ち立て、それを担う変革主体を形成することが不可欠である。そこで私は、その思想的なモーメントになりうるのは、やはりマルクス主義を措いて他にないと考える。それゆえマルクス主義の根本思想を再創造するという議論を深めていくためにも、「デモクラシー論」と「プロレタリア論」を21世紀の今日にいかに再構成することができるのか、というテーマを取り上げることが最も緊要な課題であると考える。言い換えるとマルクスとレーニンの思想の根本にあるこの「デモクラシー論」と「プロレタリア論」を再構成することができなくて、マルクス主義を21世紀に甦らせることはできないということだ。そのためにも、私は、マルクスやレーニンの思想について従来のありきたりで陳腐な通説や誤った既成概念を破るこ

と——パラダイム・シフトを通じて、「そんなことも言っていたのか、そういう読み方、捉え方もあるのか」と見直すきっかけを提示することに注力したつもりである。

本書の「独創」は、旧来の常識や既成概念に囚われた思考—行動様式のパラダイム・シフトを目指して、21世紀の「デモクラシー」と「プロレタリア」を取り上げたことにある。

Ⅰ部の「21世紀のデモクラシーとは何か」とⅡ部の「21世紀のプロレタリアとは何か」は、21世紀の世界を変えるために避けて通れないテーマであること、そしてマルクス主義の根底にある思想を21世紀の今日に再創造するためにも不可欠なテーマであることを述べている。Ⅲ部の「21世紀の世界を変える新機軸とは何か」は、私自身がNO—VOX(「声なき者」の国際ネットワーク)で取り組んできた「反格差運動」や「パレスチナ連帯運動」について理解を深めてもらうための論稿である。

私たちは現在、どんな時代を生きているのか。社会は、どのように成り立っていて、どんな矛盾や問題を抱えているのか。人間として、いかに生きるか。社会のため人のために何が出来るのか。世界や情勢をいかに捉えどう闘うべきか。私たちは、どんな未来を目指すのか。人間らしく生きられる社会とは、そのあるべき方向性とは何か。私たちの未来を閉ざし変革を妨げている現実とは。世界を変えて、自分自身も変わるとは。情熱とは。希望とは。理想とは——。こんな割り切ることができないようなことを考えたり、悩んだり、自問しながら、一歩を踏み出せずに逡巡し立ち止まっている人、また一歩を踏み出そうともがいている人、そういう人たちに、本書は手に取ってもらいたい。世界を変えるために、真に役立つ中身の濃いもの糧になるものを「読みたい」、もっと「学びたい」、そういう思い(とりわけ次世代のそれ)に応えることが、私たちの責任でもあると考えている。

第Ⅰ部 21世紀のデモクラシーとは何か

安保法制反対の国会前12万人デモ（2015年8月30日）

21C. WE CAN CHANGE THE WORLD !
PRELUDE TO REVOLUTION !

第1章　危機か再生か、岐路に立つ民主主義

　戦後70年という節目を迎えた今日、制度的政治（代議制民主主義）は、劣化や機能不全、制度疲労などと指摘されるほど、民意との乖離を深刻化させている。しかもそれは、日本や欧米等の先進資本主義諸国に共通して見られる現象である。こうした時代状況ゆえに、歪な制度的政治に対抗して、怒れる「持たざる者」（プロレタリア）が、世界中で草の根から「真のデモクラシー（民主主義）」を求めて「人間らしく生きられる公正・平等な権利と尊厳」のために連帯して立ち上がっている。まさに「デモクラシー」は、存在意義そのものを根本から問い直されるという大きな岐路に立っているのである。

　そもそもデモクラシーとは何か。デモクラシーを21世紀の現状にラディカル（根本的）に再生し民衆の手に取り戻すことができるであろうか。その理念を再構成することは可能か。これが本稿における私の問題意識である。

（1）デモクラシーの既成概念を破る

　21世紀の現代においてデモクラシーをラディカルに再生するためには、何よりもデモクラシーに対する旧来の一面的な「常識・固定観念・先入観」に囚われたパラダイムから脱却することが肝要だ。

　それは第1に、デモクラシー（民主主義）は、代議制（間接民主制）による制度的政治や多数決原理、つまり選挙での投票のことであり、それによってしか成り立たないという陳腐化・一般化した常識を破ることである。

　第2に、直接民主主義に基づいた草の根の大衆行動や社会運動—労働運動は、政治や変革に結びつかないという一面的な固定観念から脱却することである。

第3には、代議制を「単なるブルジョア民主主義」にすぎないとしたマルクス主義の見方は、民主主義そのものにネガティブであり、尊重していないという誤った先入観を払拭することである。
　こうした旧い殻（パラダイム）を破ること―パラダイム・シフトは、21世紀のデモクラシーの再生にとって、またそれを担おうとする者にとっては、避けて通れない課題なのである。このことなしに、「真の民主主義」（プロレタリア―デモクラシー）を闘い取るための「革命の第一歩」（マルクス『共産主義者（共産党）宣言』）は踏み出せないといえる。
　これまでデモクラシーに対してアナーキストやサンジカリストはもとより、マルキストもまた特にニューレフトは懐疑的で極めてネガティブな理解にとどまっていたといえる。かつてのソ連・東欧のスターリニズムに基づいた「疑似社会主義」の体制崩壊（自壊）をもたらした最も大きな原因の一つが、デモクラシーの無視ないし軽視にあったことを、我々は教訓化しなければならない。今日の中国に於てもデモクラシーはほとんど存在しない。ブルジョアデモクラシーを否定しながらそれ以下の専制支配でしかない。
　こうした歪みの根拠には、デモクラシーの２つの異なった次元の問題を両義的（アンビバレント）に捉えることができない思想的な欠陥があるからだ。デモクラシーには、「現にある」制度的政治としての形式的で欺瞞的な代議制のそれと「民衆が支配する」（現実には一階級の支配）未来のあるべき理念のそれ、というネガとポジのアンビバレントな問題があるということを理解すべきである。

（2）　デモクラシーって何だ

　「デモクラシー」（民主主義・民主制）とは、その語源からいえば「民衆（demos）の支配＝権力（kratia）」を意味している。もともとは「直接民主制」を指す言葉だった。「代議制」（間接民主制）は、直接民主制を代替するシステムとして用いられた。デモクラシーの理念とは主権者である民衆自らが社会生活のあらゆる面で、自由で平等

第1章 危機か再生か、岐路に立つ民主主義

な権利が保障される社会を築こうとするイデオロギーである。それゆえ権力を握った為政者によって民衆の自由や平等の権利が脅かされる専制支配とは対極にある概念である。その意味で「自由・平等」の価値を尊重しようとする意志がある限りでデモクラシーは存在するといえる。

デモクラシーというイデオロギーは、古代ギリシャの都市国家から現代の国民国家まで、その政治舞台を替えてきたが、共通していることは国家を基本単位としたナショナルな人民統治（国民統合）の政治形態であることを自明の前提としてきたことである。それは、19—20世紀の政治を最も支配した概念でもある。20世紀になって西欧諸国に普通選挙権や社会権の考え方が普及し、議会制（代議制）が確立すると、これをもって近代民主主義つまりナショナル—デモクラシーの確立と同義と見なされるようになった。

ところが21世紀の今日、代議制（間接民主制）による制度的政治（偽装した民主制）は、少数の政治エリートによる決定権の支配や民衆を欺く大衆操作が、政治不信を広げますます劣化している。このようにデモクラシーの理念を欠いた偽りの民主制—代議制の下での「多数」による権力の濫用＝専制をいかに防ぐか、自明の理とされてきた代議制（間接民主制）という既成の政治概念そのものの見直しをも迫られている、という現状認識が必要であろう。

そこでデモクラシーとは何か、どのように理解するか、ということが改めて問われるようになった。はたして代議制を政治モデルとして受容するだけでよいのだろうか。代議制は自明のシステムではなく、必ずしもデモクラシーの理念を体現したものではないのではないか。こうした疑問にどう応答すべきか。私は、デモクラシーの理念をラディカルに再構成することができるのなら、劣化した代議制の在り方を見直し、思想的・実践的なオルタナティブを提示することも可能だと考える。その場合、デモクラシーを代議制のそれのみに依存して理解してきた従来の常識に囚われてはなるまい。少なくとも「現にある」既成事実だからといって「制度的政治＝代議制

＝選挙」がデモクラシーだとする勘違いは改めるべきだ。すなわち何年かに1度行われる代議士を選ぶ投票行動の時にだけデモクラシーは姿を現すと考えるなら、選挙が終われば有権者は傍観者と化すと見なすような傲慢さを生み、劣化・空洞化するのは当然だ。その典型は、この国の為政者たちだ。選挙以外の非制度的な回路（直接民主制）による異議申し立ての声を、デモクラシーの構成要素とせず、「騒音扱い」して貶めたことは、政治不信をさらに深めデモクラシーが蔑ろにされている「不都合な真実」をさらけ出したといえる。

　先進諸国で共通して投票率が低下傾向にあるのは劣化した制度的政治への不信の表明でもある。反対にデモや街頭行動など選挙以外の非制度的＝直接民主制による民衆の政治参加は高まってさえいる。とりわけ沖縄やスコットランド、トルコのクルドなど国内植民地構造の下で虐げられてきた少数者（マイノリティー）の「自己決定権」（自決や自治の権利）を求める声の高まりはかつてないほどである。それは、いまやデモクラシーを再生する大きなモーメントにさえなっている。

　間接民主制（代議制）は、数年ごとの選挙に国民の政治参加を制限するので、政治（政策決定）を担当―支配する代表者（議員）を選択するシステムである。それは選挙による政治の委任という概念で説明される。代議制は、どのようによく解釈したところで、劣化しつつある制度的政治の中に取り込まれる罠によって既存のシステムとルールを根本的には越えられない。それでも制度的政治への参加は、多くの人々が抱くとまどいや疑念に対して、自らの政治理念や運動目的の説明責任を余儀なくされるために、「フォーラム」として利用することを学ぶ必要に迫られる。だが我々にとっては、制度的政治への参加は、政治変革―陣地戦の戦略において二義的な課題にすぎない。我々がより基礎を置くべきは、「代議制のバージョンアップ」や投票動員の能力ではなく、非制度的＝直接民主制的な社会運動を通じて、コミューン型の連帯を促し、デモクラシーをラ

ディカルに再生するためのイニシアティブを鍛え上げていくことである。

　直接民主制は、民衆が直接的に政治参加することによって統治者と被統治者との区別をなくすことをコンセプトにしている。したがって民衆自らが、集会・会議・評議会や住民投票などによる統治形態を通してデモクラシーを実行する。我々が構想する「21世紀のコミューン」とは、まさに真のデモクラシーを闘い取るために「ついに発見された新しい政治形態」（マルクス）であり、プロレタリアの「自発的連合体」のことである。

　デモクラシーをめぐる直接民主制と間接民主制（代議制）の問題は、単純な二者択一ではない。それは２つの異なったアプローチの両義的（アンビバレント）で相互補完的な関係にあるテーマである。たしかにデモクラシーには「迂遠なプロセス」という構造がともなう。話し合った上で決めるのはデモクラシーのルールではある。だが話し合う（討論・議論・対話する）ことと決めることとは次元の異なる行為であり概念だ。それはデモクラシーのアポリア（難問）であり、難しくとも両者を結びつけるところにデモクラシーのレゾンデートル（存在意義）がある。このテーマは実践的にアプローチする他ない。このようにデモクラシーは、アンビバレントであったり時にはアンチノミー（二律背反）であったりする極めて多様なコンセプト（概念）によって構成されているのである。

　今日において代議制が、政治決定から多くの民衆を疎外し、また権力濫用＝専制政治を隠蔽・正当化するための手段にさえ位置するようになったため、代議制への「不信」や「異議」を表明する直接民主制的要素（参加民主主義やラディカルデモクラシー）が強調されるようになった。人民が自らの意志で決定する権利を意味する「自決権」や「自治」とデモクラシーは、相関関係にある概念である。スコットランドの独立の是非を問う住民投票（2014年９月）に示されたように（結果は「独立」が否決されたものの）、少数民族の「自決権」は、かつてはナショナリズムによって主張されていたが、21世紀の今日

においてはデモクラシーのコンテキスト（文脈）によって見事に表明されたといえる。

（3） マルキシズムとデモクラシー

マルクスは資本主義の搾取・抑圧からの「プロレタリアの解放」を通じて、階級のない、誰も虐げられない、「連帯に基づいた新しい社会」を築くための「革命の第一歩」こそ「デモクラシー（民主主義）を闘い取ることである」（『共産主義者（共産党）宣言』）と述べた。ではマルクスが主張した「真のデモクラシー」とは何か、いかに実現しうるのか。

マルクスは、西欧型の代議制を特徴とした間接民主制を「ブルジョア―デモクラシー」であり「単なるデモクラシー」にすぎないとして真の民衆支配＝デモクラシーを目指す「プロレタリア―デモクラシー」を対置した。それは、既存のデモクラシー（代議制）の単なる延長線上の拡大（バージョンアップ）ではなく、コミューンによるブルジョア―デモクラシーのプロレタリア―デモクラシーへの止揚である。

ところが、これまでデモクラシーそのものをブルジョアイデオロギーとして否定する教条的マルキストや旧ソ連等のスターリニストによって、マルキシズムとデモクラシーは、互いに相容れないものででもあるかのような誤解や歪曲が流布されてきた。マルクスは本来、「社会主義」のためには、その前提として「真のデモクラシー」（プロレタリア―デモクラシー）の実現が不可欠だと考えていた。だが、この理念は結局、スターリニズムによって著しく歪められた。旧ソ連や東欧では、自由は抑圧され平等は上辺だけで一党独裁の専制政治は自らが否定したブルジョア―デモクラシー以下でしかなかった。「疑似社会主義」の崩壊は、デモクラシーを蔑ろにした代償といえる。「自由・平等」が法律的・形式的な観念にとどまるブルジョア―デモクラシーのレベルすら手にすることができなかった政府が、デモクラシー一般を見下したり否定することは、まったく見識を欠

いていると言わざるをえないのだ。

　本来、プロレタリア―デモクラシーとは、ブルジョア社会の価値観の変革を志向するものではあるが、ブルジョア―デモクラシーが宿した「自由・平等」などの社会的・政治的権利一般を否定するものではない。デモクラシーは、いまだ民衆の手につかみ取ることができていない「未完のプロジェクト」なのである。

　レーニンは『国家と革命』(1917年8―9月)の中で、「民主主義を徹底的に発展させること。このような発展の諸形態を探しだすこと。これらの形態を実践によって試してみること。すべてこうしたことは、しかしながら、社会革命のための闘争の基本的な任務を構成するものの一つである」として、デモクラシーの新たな政治形態である「コミューンを実現しようと試みることは避けられない」と述べた。ここにレーニンのデモクラシー論のエッセンスがある。

（2015年7月）

第2章　民主主義　再生への道

（1）デモクラシーの再生を拓くコミューン

　なぜ今、デモクラシー（民主主義）は、世界中で危機や機能不全に陥っているのだろうか。どうして制度的政治（代議制）は、人々を政治的に疎外しているのか。はたして代議制を政治モデルとして受容するだけでいいのか。どうしたらデモクラシーをラディカル（根本的）に再生しうるのか。

　このように「デモクラシーって何だ」と、その存在意義を問い直し考えずにはいられなくなったのは、このままでは安倍政権の権力暴走によってこの国のデモクラシーそのものが壊されてしまう、という現状への危機感＝政治意識が、かつてないほど高まっているからではないだろうか。

　一方で「国民国家」を単位としたナショナルな代議制を唯一のモデルとしてきた旧来のデモクラシー論のシェーマ（図式）は、陳腐化し自明性を失いつつある。他方では非制度的な回路による直接民主主義の発現といえるデモやプロテスト、街頭占拠といった草の根からの直接行動の世界的同時的な新しいうねり（「アラブの春」、欧州の「怒れる者たち」の反乱、米国の「オキュパイ・ウォールストリート」等や「自己決定権」を求める沖縄、東京では経産省前占拠の「テントひろば」や反原発官邸前デモ、8・30国会前12万人デモ等）が、劣化した代議制へのオルタナティブとして、21世紀に於る「真のデモクラシー」を可視化しながら新しい時代の変革の息吹を私たちに感じさせている。

　デモクラシーが根本から問われ大きな岐路にある今ほど、劣化した代議制に代わるデモクラシーの新たなパラダイム・シフトが、また「壊されようとしている民主主義を（民衆自身の手に）取り戻すこ

と」（8・30国会前での坂本龍一さんの発言）が、私たちに求められている時はないのだ。

　パリ・コミューンから学んだマルクス、そしてそのマルクスから学んだレーニンは、デモクラシーに関して旧来の通説や自明視されてきた常識とは相容れない斬新でユニークな見識を持っていた。現代に於て危機にひんしたデモクラシーをラディカルに再生するためには、今こそマルクスとレーニン、彼らの思想的原点に立ち返り「はじめから学び始める」ことが私たちに求められている時ではないだろうか。なぜなら21世紀のデモクラシー再生への道を拓く鍵が、マルクスとレーニンのコミューン論にあると考えるからだ。

　本稿ではマルクス・『フランスの内乱』1871年とレーニン・『国家と革命』1917年が展望した「コミューン型デモクラシー論」について、そのエッセンスを簡潔に10分間で分かる形で述べたい。

　マルクスは、敗北し短命に終わったパリ・コミューンについて、それを担った者たちの意図を越えた世界史的意義を見い出した。そして、そのコミューンの実践的経験から教訓を学ぼうとしたマルクスの思想性にレーニンは共感を示したのである。

　国家という枠組みを越境し、インターナショナルなプロレタリア革命を構想したマルクスとレーニンは、使い古され色あせた慣用句であったデモクラシーに、蜂起した民衆が新しい息吹を与えている場面—パリ・コミューン、ロシア・ソヴィエトに直面してその現実から出発しデモクラシーを闘い取るためのイニシアティブを創造するプロレタリアの「希望の根拠地」を構想したといえる。

　もちろん「コミューン」と呼ばれるものは、体系性を備えた政治理論というよりは、革命運動によって具体的実践的に設立された新たなデモクラシーの政治共同体・自発的連合体（アソシエーション）である。旧来の代議制でもまた直接制でもない「新次元の試み」という色彩を色濃く帯びたものであった。そして、このコミューンは、既存の代議制民主主義とは異なる展望と可能性を孕んだ「真のデモクラシー」実現へのビジョンと新機軸を提示することによって、

「プロレタリアの解放」を通じて人間そのものを真に解き放ち変革しうる「希望の根拠地」たりえるのである。

（2） マルクス『フランスの内乱』（1871年）

「コミューンは、…国家そのものに対する革命であり、……階級支配のこの恐るべき機構そのものを打ち砕くための革命であった。それは、階級支配の執行府形態と議会形態の双方に対する反逆であった。……コミューンは、それ（国家権力）の決定的な否定であり、したがって、19世紀の社会革命を開始したものであった」。

このようにマルクスは「パリは…歴史的な創意と情熱に輝いていた！」とコミューンの世界史的な意義を賞賛しコミューンが従来の代議制でも直接制でもない次元の異なったデモクラシーを政治の舞台に登場させたと考えた。そして、次のように位置づけたのである。「コミューンは、議会ふうの機関ではなくて、同時に執行し立法する行動的機関でなければならなかった。……コミューンは、共和制に、真に民主主義的な諸制度の基礎を与えた」。まさにコミューンは「発展性のある政治形態」（過渡的形態）であり、「プロレタリアの解放」を成し遂げるための「ついに発見された政治形態であった」。

我々はマルクスが、あくまでも「社会そのものの内部に社会変革の物質的諸条件を見い出すこと、また労働者階級の内に運動の組織的な力と意識を見い出すこと」の重要性を説き、「人間は……自発的に自分で選んだ状況の下で歴史を創るのではなく、すぐ目の前にある、与えられた、過去から受け渡された状況の下でそうする」（『ブリュメール18日』）と述べ、第1インターの任務は「自然発生的運動を結合し普遍化すること」だと主張したことの意味をあらためて捉え返すことが必要だ。

またマルクスは、「コミューンは、古いタイプのあらゆる政治にたえずつきまとう属性である無謬性を自負しはしなかった。コミューンは、自らの言動を公表し、自らの欠陥のすべてを公衆に知

らせた」と述べ、デモクラシーに不可欠な構成要素である「公正さ」（フェアネス）を極めて重視していたことがうかがい知れる。それはいかにアン・フェア（不公正）な政治文化が蔓延していたか、ということでもある。コミューンの中でも、「民衆に影響力をもった単なる絶叫屋（わめき屋）」の存在があり、アンフェアな振る舞いをいとわない彼らは「真の行動を妨げる、避けられない害悪」であるが、「時とともに（闘いの発展過程の中で）ふり落とされる」と述べていることに我々は注目したい。というのも「公正性（フェアネス）」と「人間性（ヒューマニティー）」は、日本の新旧左翼のほとんどが無視ないし軽視してきたコンセプトだからである。

「人は過ちを犯す」という前提に立つから、過去の過ちや失敗から教訓を学ぶことの意味があるのだ。レーニンもまた「誤りは恐ろしいものではない。恐ろしいのは、誤りを固執することであり、誤りを認め訂正することに対するまちがった恥じらいであろう」（レーニン全集26）、「どこでそういう誤りが犯されたかを冷静に見てとり、万事をはじめからやり直す能力を持つということ…すなわち、はじめから学び始めること」（同33、1922年）と述べている。ここにマルクスとレーニンに共通したフェアネスの思想性があり、自らの誤りや欠陥、弱さを認めないばかりか、隠蔽さえするスターリンの思想との決定的な違いがあるのだ。

（3）　レーニン『国家と革命』（1917年8―9月）

1917年のロシア10月革命を前にして、ボルシェビキのリーダー・レーニンが書いた『国家と革命』は、革命のビジョンについてとりわけ、コミューンとデモクラシーについて鋭い洞察力と構想力が光る、今でも読みごたえのあるマルキシズムの古典である。それは時代につれて生活の様式や人々の思考―行動様式が変わっても、人間の理想や希望は、いまだ達成されていない「未完のプロジェクト」であることを物語っている。いまデモクラシーそのものの根本が改めて捉え直される時代にあって、「デモクラシーを欠いた」マルキ

シズムあるいはコミュニズムは欺瞞であるといえる。伝統的・教条的マルキスト（その本質はスターリニスト）は、経済決定論や階級還元論を重視した己の「正統性」を強調する一方で、デモクラシーに関心を払わず軽視してきた（特に「党内民主主義」の軽視）。その根底には、誤ったデモクラシー論があるからだ。

　レーニンは、『国家と革命』でマルクスがパリ・コミューンから学び、その実践から教訓を引き出して自らの理論を再検討することによって、ブルジョア国家機構にとって代わる「旧社会から新社会への過渡的形態」としてのコミューンの歴史的な存在意義を導き出そうとしたと述べた。そして「プロレタリアートのこの組織化がどんな具体的な形態をとることになるか、この組織化と、最も完全で徹底した『民主主義を闘い取ること』とが、一体どんな仕方で結びつくのか、という問題」を、コミューンの組織化とデモクラシーの問題として、それを結びつけてプロレタリア革命を構想した。

　またレーニンは、「民主主義を徹底的に発展させること、このような発展の諸形態を探し出すこと、これらの形態を実践によって点検すること等々、すべてこうしたことは、社会革命のために闘争するという任務を構成するものの一つである」として、デモクラシーの新たな政治形態である「コミューンを実現しようと試みることは避けられない」と述べた。

　さらに「議会制度からの活路はどこにあるか？どうすれば、議会制度なしにやっていけるであろうか？」という課題を提起し、「コミューンの研究にもとづくマルクスの教訓は、すっかり忘れ去られてしまった」と現状を批判して、「議会制度からの活路は、代議機関と選挙制の廃棄にあるのではなく、代議機関をおしゃべり小屋から『行動的』団体へ転化することにある」。「コミューンは、ブルジョア社会の金しだいの腐敗した議会制度を、判断と審議の自由が欺瞞に堕することのないような制度に代える」。「議会制度のない民主主義を考えることはできるし、また考えなければならない」と述べている。

議会への参加について、レーニンはあくまでも「それが大衆の意識を発展させ、大衆の政治的水準を高め、……搾取と圧制からの解放闘争のために、大衆を組織することに役立つ限りでのみ重要なのである」(全集11巻)と述べた。民衆の政治参加やデモクラシーそれ自体を、単なる政治意識の啓蒙や選挙―代議制にのみ限定する「議会主義」に還元することは一種のエリート主義に堕する。日本共産党のようにレーニンの「議会参加」に関する概念を誤用して、自らの議会主義政党化・社民左派化を正当化しながらスターリニスト的組織体質を隠蔽するために正統派マルクス主義政党を僭称することは、人々を欺く背信といえる。それゆえ日本共産党にとって、レーニンの『国家と革命』は議会主義的変節を暴かれるがゆえに禁書にせざるをえないのだ。

　レーニンは、「徹頭徹尾、偽善的で、偽りの民主主義から、『ますます完全な民主主義へ』と、単純に、まっすぐに、すらすらと発展が行われるわけではない」と述べ、「事実上の不平等を是認する『ブルジョア的権利』」つまり「形式的な平等から実質的な平等に向かって」民主主義を完全なものにしていくこと、「民主主義は平等を意味し、平等ということは階級の廃絶という意味に正しく理解すべきである」と主張した。

　そして革命において果たすべきデモクラシーの役割について、レーニンはこう述べた。「民主主義は、資本主義に対する労働者階級の解放闘争上で非常に大きな意義をもっている」。「民主主義は、そのある発展・段階で、…プロレタリアートを団結させて、……ブルジョア国家機構を、より民主主義的な国家機構に代える可能性を与える」。「もし本当にすべての人が、国家の統治に参加するなら、もはや資本主義は維持されないであろう」。

　このように「コミューン」あるいは「ソヴィエト」を、デモクラシーにとっての、またプロレタリア解放にとっての、重要な拠り所とみなし新たな可能性を見い出した点で、レーニンは、マルクスと問題意識を共有していたのである。マルキシズムを歪め貶めたス

ターリニズムとの決定的な「違い」は明確である。これがスターリニストや日本共産党などが禁書にした『国家と革命』で展開されているレーニンのデモクラシー論のエッセンスなのである。

　社会運動―労働運動や大衆的直接行動（デモ・占拠）は、草の根のデモクラシー（直接民主主義）の発現・実践・可視化である。その裾野が広がらなければ代議制―制度的政治の劣化は止められない。したがって社会運動を制度的政治に従属させたり、党勢拡大の集票装置に還元することは、直接民主主義を阻害しかねない。だが権力におもねることなく、また制度的政治に従属せず自律した直接行動によって草の根からデモクラシーを取り戻そうとするうねりは、まだ萌芽的かもしれないが世界中で確実に広がり始めている。プロレタリアが切り拓いた展望は必ずや未来に受け継がれていくにちがいない。デモクラシー再生への「希望の根拠地」―21世紀のコミューンを築くために、未来のために革命の種を蒔こう！　　　（2015年9月）

第3章　草の根民主主義のうねり

（1）　世界に響く革命の序奏

　「革命の序奏」が世界中で響いている。世界は今や、嵐が吹き荒ぶような時代—「嵐の時代」の到来を告げているのである。

　世界を覆っている資本主義グローバリズムは、人々を「弱肉強食」の殺伐とした競争に駆り立てている。貧困・格差・不公正・不平等が野放しにされることによって政治的・経済的な「二極分化」と「不安定」（仏語でプレカリテ）がキーワードの「格差社会」になった。「人間らしく生きてゆけない」という理不尽な（半ば奴隷状態にある）現実が、積もりに積もった怒りを呼びさまし、プロレタリア（持たざる者）を草の根からの反抗に立ち上がらせている。

　それは、資本主義的パラダイムに対する世界的同時的な逆襲の始まりである。「人間らしく生きられる公正・平等な権利」を求め劣化した制度的議会政治（代議制）に挑みかかる、草の根民主主義が可視化されている。まさに「新次元の変革のうねり」と言える。これが今日の情勢の変化を捉えるキーポイントだ。

　「多極化」する中、かつてない深刻な危機にある資本主義国家権力は、それゆえに「持たざる者」の目と耳と口を塞ぎ、私たちを黙らせようとしている。「テロとの戦い」を口実に民主主義そのものを奪い取ろうとしている。だが、それに対抗して世界中で草の根から民主主義を民衆の手に取り戻そうとする前例のないうねりが高まっているのである。

　時代は大きくうねり、混沌と激動が錯綜すると同時に変革の予兆に満ちた「転換期」にある。私たちはいま、虐げられし持たざる者—プロレタリアが自らの解放を求めて資本主義に挑み革命を起こす時代—新しい時代の扉を開く「過渡期」を生きているのである。

情勢がドラスチックに変化する中で、既存のあらゆる価値観や概念はこれまでのようには通用せずパラダイム・シフトを迫られている。これは大局的にみれば、再生途上にある左翼にとって、反転のチャンスだ。そんな時、私たちに求められるのは、①旧来の常識や固定観念を問い直し発想を切り替えること。②自らの「立ち遅れ」をいかに脱するかという危機感を共有すること。③そして情勢の変化をしっかりと捉え、この変化に対応するため、今までのやり方を変えること、新しくやり直すこと、従来の次元とは異なった前例のない「新たな道・試み」にためらわず踏み出すことだろう。情勢の変化は、適応不全に陥った左翼を衰退させる一方、再生を目指す左翼にパラダイム・シフトを迫っているのである。

（２）「15年安保」闘争―草の根民主主義のうねり

「15年安保」の闘い―8・30国会前を埋め尽くした12万人の空前の大規模デモに象徴される安保法制（参戦法）反対運動のうねりは、「権力暴走」によってデモクラシー（民主主義）そのものが壊されてしまう、という人々の危機感に火を点けた。民主主義を蔑ろにする安倍政権の権力暴走が図らずも（皮肉なことに）「政治的覚醒を促すことに逆説的に貢献したといえる」（島田雅彦）。

これまで大半が政治には「無関心」だとみなされてきた学生や若者たちが、草の根から街頭で怒りの声を上げ巨万のデモ参加を生み出した。６０年―70年安保の闘い以降の長い「低迷」から脱して日本の社会運動を様変わりさせたのである。それを担った者たちの意図をある意味越えたところの歴史的な意義を認めるべきである。政治的な精度が高くなくとも、またいかに未成熟で克服すべき課題が多くあったとしても、それを口実にこの意義を貶めてはならない。

かつての60年―70年安保闘争は政党や労組などによる組織的な「動員型」が主だった。だが今は「草の根型」で決定的に違う。草の根からの直接行動を通じた「直接民主主義（グラスルーツデモクラシー）」の実践を、政党や労組が支えるという構図への転換（パラダ

イム・シフト）—「新しい社会変革」の在り方を示唆していると言える。実際、いまの政党や労組にあれだけの人は動かせない。

私たちに「新たな変革の息吹」を実感させた「15年安保」の闘い—その特質（エートス）は、①草の根の連帯、②デモやオキュパイといった直接行動を通じた、③非制度的な回路による直接民主主義（グラスルーツデモクラシー）の発現である。それは政治情勢に新たな地殻変動をもたらし、私たちの従来の思考—行動様式や政治文化にもパラダイム・シフト（変革）を否応なしに迫っている。

こうした「15年安保」の闘いに見られた特質の兆しは、2011年3・11以降の反原発デモや経産省前を占拠した「テントひろば」、「自己決定権」を求める沖縄の辺野古新基地建設反対運動にも既に現れていた。しかも、それは運動の担い手がどれだけ意識しているかどうかにかかわらず2011年の「アラブの春」や欧州の「怒れる者（インディグナードス）」、米国の「オキュパイ・ウォールストリート」に象徴される前例のないうねりとも世界的同時的に連動しているのである。私たちはいま、「新たな変革のうねり」に見舞われているという現状を、こうした国際的な文脈（コンテキスト）から捉え直す必要がある。

権力におもねず（「警察との協調」を唱えるのではなく）、また既成の制度的議会政治に従属せず、自律した直接行動を通じた、「草の根民主主義」をつかみ取ろうとするうねりは、まだ萌芽的であっても、今や世界中に確実に広がり始めている。それは日本にもすでに兆しており、必ずや次世代に未来へと受け継がれていくに違いない。

「デモで社会は変えられない」という—それ自体が政治意識を反映している—言説は、その根底に日本社会の政治文化や精神土壌に深く孕まれてきた「お上」には逆らえないといった「恐れ」や「諦め」が先入観（バイアス）として刷り込まれ自由な思考や権利意識が妨げられてきたことを浮き彫りにしている。それが権威に弱く従順で「デモの無い社会」とやゆされるほど長い間、日本の政治文化の特質として世界から見なされてきた理由だ。

第3章　草の根民主主義のうねり

ところが「3・11」以降のかつてない反原発運動のうねりや「15年安保」の闘いに象徴されるように草の根からの直接行動の高まりによって日本の社会運動は様相を一変させた。それは、まさに「目を凝らすべき新たな形の街頭行動である」(9・28日経「春秋」)。デモがださくて怖い場でなくなり異議申し立ての権利を行動で示すことが当たり前の社会になった。70年代以降40年以上続いた低迷の時期には想像もできなかった光景が官邸前や国会前で見られるようになった。これまでのバイアスは破られたのだ。暴走する権力への怒りを集中し可視化するデモには、政治を動かし左右する力があると、「草の根民主主義」を実感した人たちが増えたのである。
　とりわけ「シールズ」は、安倍政権にNOを突きつけ「民主主義って何だ」「これだ」とインパクトのある(これまでの左翼には欠けていた)メッセージで国会前の「総がかり行動」の前面に立ち草の根のうねりを波及させる役割を担った。また別の学生グループもハンストに立ち上がった。
　だが政治的には未成熟であったり多様な傾向が混在し右翼の脅迫にも晒されている学生の大衆団体「シールズ」に対し、右翼勢力と同列視して「反革命」のレッテルを貼るようなセクト主義者が「左翼」の中に存在することは情けない限りだ。後塵を拝し闘いのカヤの外に置かれてしまった自分たちの現状を隠すための半ばやっかみと焦りの表れであろう。たとえ批判すべきいくつかの問題を抱えていたとしても、「威嚇的な非難を呈する旧習」(レーニン)は、やめるべきだ。闘いがかつてない高まりを見せている時、意見の相違を認めないばかりか、反目や不和、亀裂をもたらし揚げ足を取るだけのネガティブキャンペーンは、共感を得られまい。かえって反感を買い離反を呼ぶだけだ。こうした時代遅れでステレオタイプの「左翼」と同類と見なされては信頼は得られない。おぞましい政治文化(旧習)を払拭すべきであろう。これは双方に言えることだ。新左翼を一括りにした「過激派」というステレオタイプのレッテル貼りも権力側に操作されやすく反弾圧と草の根の連帯の見地(辺野古現地の

闘いのスタイル）からすると危い。安倍政権を倒す草の根のうねりを大きくしていくための機運を損いかねないからだ。

　A・ネグリは、2011年の「アラブの春」、「怒れる者（インディグナードス）」、「オキュパイ・ウォールストリート」と続いた一連の叛乱―新たな変革のうねりに着目し、それが新たなデモクラシーを構想する「闘争の始まり」であると次のように述べている（『叛逆』NHKブックス、2013年）。

　「アラブの春」に着想を得て「真の民主主義を」と訴え、「新しい形で自分たちの闘争を前進させた」スペイン等欧州の「怒れる者」や米国の「オキュパイ・ウォールストリート」の占拠運動は、「左翼を、これまでとは違う新しいものに改良し、再出発させるための稀有な機会を創出した」とその意義を述べ、これらに共通した特質は、「代表制が実際には民主主義を媒介する手段ではなく、民主主義を実現する上での妨げになっている」という代議制民主主義―制度的議会政治への厳しい批判にあるとネグリは指摘した。さらに彼は、このテーマに「何ら応答できずにいる」伝統的左翼に対して、こう批判した。

　「では、どうすれば、議会制システムを変革ないしは刷新することが可能になるのだろうか？……伝統的左翼は、これらの問いに何ら応答できずにいる」。「もっと伝統的な左翼の政治思想家やオルガナイザーの中には、2011年の闘争のサイクルが気にくわない者もいれば、それに警戒心を抱いている者さえいる。彼らはこう嘆く、『ストリートは人でいっぱいだが、（左翼の）教会は空っぽだ』と」。こうした時代遅れの左翼に対して、ネグリは「左翼の教会を焼き払うこと」こそ私たちに必要だと辛らつに言ってのけ、「指導者と集権化された構造こそが、実効力のある政治的プロジェクトを組織するための唯一の方法であるという考えは、政治的想像力が悲惨なまでに欠如した、何という哀れな考え方だろう！」と述べた。そして、「さまざまな集団が戦術上ないしは戦略上の同盟関係を形成しながら、それぞれが互いに異なるアイデンティティを維持することを、

第3章　草の根民主主義のうねり

もっと言えば、それぞれが別個の組織構造を維持することさえをも含意している」そうした自発的な連合体（アソシエーション）―コミューンを新たな組織形態として構想しているのである。

マルクスは、第1インターナショナルの任務について、かつてこう提起した。「革命は連帯の上に築かれなければならない」。「この連帯を全ての労働者の間に打ち立てるために、絶え間なく努力する」ことこそ求められている。したがって「労働者階級の自然発生的な運動を結合し普遍化することであって、なんであろうと空論的な学説を運動に押し付けたりすることではない」。また「セクト主義を是認したり、そそのかしたりする過ちをおかすべきではない」と指摘した。このことを我々は、あらためて肝に銘じたい。

「大衆自身の中から生まれる自由な創意に、まったく完全に依拠する」（レーニン）ことこそ肝要である。

なぜ今、民主主義（デモクラシー）は、世界中で危機や機能不全に直面しているのだろうか。どうして、議会政治（代議制）は、人々を政治から疎外しているのか。はたして、それを自明の政治モデルとして受容するだけでいいのか。どうしたら、民主主義をラディカル（根本的）に再生しうるのか。このように民主主義の在り方が問われ大きな岐路にある今ほど、劣化した代議制―議会政治に代わる民主主義のパラダイム・シフトが求められている時はないのだ。今や世界を席巻しつつある「草の根民主主義（グラスルーツ・デモクラシー）」のうねりは、新たな時代の始まり―「革命の序奏」を告げているのである。

（3） 草の根民主主義が左翼を変える

安保法制（参戦法）反対の闘いは、「壊されようとしている民主主義を取り戻すこと」（8・30国会デモでの坂本龍一さんの発言）に等しく、沖縄の辺野古新基地建設反対の闘いは、文字通り「民主主義の最前線」と言える。それは安倍政権の権力暴走によって、「民主主義って何だ？」と問い直さずにはいられなくなったこの国の政治の危機

を象徴している。

劣化した議会政治（代議制）に民主主義（デモクラシー）が還元されてしまうことへの人々の拒否や抗議は、正当である。むしろ世界中で今日、草の根から「民主主義を取り戻す」ためのうねりは、ますます大きくなっている。それは深刻な危機にある資本主義国家権力とブルジョア保守勢力によって、「ブルジョア民主主義」が損なわれ、民主主義そのものが民衆から奪われようとしている危機にあるからだ。

今日の様々な政治的不公正、歪みの責任を、民主主義それ自体に負わせることは短絡的である。どんなに不十分であろうとも、「ブルジョア民主主義」を構成している社会的な諸権利（社会権）や政治的自由（自由権）は、数世紀にわたる民衆の絶え間のない抵抗の所産である。幾多の犠牲の上に闘い取られてきたことを忘れてはならないのだ。

近現代の民主主義は、ブルジョア支配階級による「国民国家」を単位とした代議制というナショナルな制度（議会政治）を呼び込もうとする動きと同時に、そうした制度的政治に民主主義が還元されてしまうことへの民衆の草の根からの抗議をも呼び起こしてきたのである。民主主義が孕むこの両義性（アンビバレンス）を理解することが必要だ。それは、ここに草の根からの「自発的連合体」である「コミューン」を築くことを通じて真の民主主義を実現する、という構想（ビジョン）──マルクスとレーニンの「コミューン型デモクラシー論」──のモーメントがあるからだ。これを再創造することなくして民主主義を闘い取るための２１世紀型コミューンの礎を築くことはできない。そのイニシアティブを創り出さなければ体制変革＝革命の展望は切り拓けないのである。

現代に於る民主主義の問題は、21世紀の社会が──資本主義社会であることに変わりはなくても──20世紀とは異なる歪みや矛盾を抱えていることを示唆している。20世紀に形成された政治思想や社会科学、行動様式のパラダイムが、今日の情勢に有効に対応できて

いるのか、これまでの固定観念に囚われず問い直すことが必要である。また左翼自身が自己の存在意義に向き合い、「これでいいのか？」と絶えず問い続けなければならないのである。情勢の地殻変動に見舞われる中、適応不全に陥った時代遅れの「正統派左翼」に未来はない。

　日本のみならず世界中で危機にある民主主義を、どうしたら再生することができるか。劣化した議会政治に代わる「新たな―真の―民主主義」は構想可能か。「この問いに応答できない」（ネグリ）左翼に存在理由はあるのか、と鋭く突き付けられているのである。

　何よりも８９―９１年の旧ソ連―東欧のスターリン主義体制下の「疑似社会主義」の崩壊について、その原因が、軍拡による経済的疲弊だけでなく、専制支配によってブルジョア的であるとされた民主主義そのもの、政治的自由が著しく抑圧され民衆の離反を招いたことにある、という「負の歴史」を総括し教訓を学ぶことから始める必要がある。それを不問に付すような左翼は、たとえマルキストを自称しようが、スターリニストと「同類」か、その「亜流」のネオ・スターリニストと見なされて当然であろうと考えるからだ。

　世界中で「草の根民主主義」が大きなうねりを起こしている今日に於ても日本の左翼諸党派の大半が、民主主義についての間違った、あるいはネオ・スタ的に歪められた見解を未だに正すことができないでいる。そうした思想的な「立ち遅れ」を恥ずかしいと自覚できないことがマルクス主義への信頼失墜を深めてもいる。

　これまでの民主主義に関するマルクス主義的左翼の見解は、胸を張れるほどのものではなく、むしろお粗末と言える。かつてマルクスやレーニンが、パリ・コミューンから着想を得た「コミューンによる真の民主主義の実現」という見地は、「すっかり忘れ去られてしまった」（レーニン）かのようだ。こうした「不都合な事実」に向き合わず自己のちっぽけなプライドが傷付くことを恐れる活動家が散見される。だが、やっと今日、本来あるべき議論に「届いた」と言える。それは欧米のマルキスト（A・ネグリ、D・ハーヴェイ、D・

ベンサイド等）の最近の著作が参考になる。

　ここ数年の日本に於ける反原発や反安保、沖縄の反基地等のデモがかつてない高まりを見せる中、日本の政治文化も様変わりしつつある。欧米とのギャップは確実に縮まった。だが民主主義を巡る論議に於ては、新旧左翼は未だに大きく立ち遅れている。とりわけ沖縄の「自己決定権」を巡っては、大半が同化主義に浸っている。もちろん欧米の左翼の方が時代の先を行っているという訳でもない。それでも日本の左翼が見習うべきは、ひとえに国境を越えた連帯活動と反格差の社会運動を通じた反資本主義―反グローバリズム運動への注力である。また思想的にはスターリン主義批判の重視とそれに裏付けられた民主主義再生―真の民主主義実現への熱意の違いであろう。これは日本のマルクス主義左翼の再生にとっては大きな難問（アポリア）と言える。

　我々の最も緊要な課題は、反資本主義運動と左翼の再生のために「左翼を変える」パラダイム・シフトである。いま新たな変革のうねりの中で、左翼はその存在意義が試されている。草の根民主主義の実践を通じて左翼は自ら変わらなければならないのである。

　第１に、ステレオタイプの政治文化や70年代的概念に凝り固まっているため時代遅れの「くだらないこと」（レーニン）に気付かず、世界的視野から自己の現状を相対化することを怠ってきた旧来の思考―行動様式から脱却することが不可欠である。

　第２に、自らの「負の歴史」に向き合い、隠蔽したりせず過去の過ちや失敗から教訓を学び次代に伝えることである。また現状の立ち遅れや弱さを率直に認め、情勢の変化に応じて戦略や組織の在り方を絶えず見直し変えること、つまり再創造することだ。個別課題の羅列とその強化にとどまっていては、情勢の進展についていけなくなりイニシアティブを失いかねない。

　そうしなければ左翼に対する、ある種人々の中に刷り込まれてきた先入観（バイアス）や「内ゲバ問題」による不信感を払拭できないと考えるからだ。日本共産党のように自らの非を認めず「正し

さ」をことさら強調するスターリニストの「無謬の党」ではない、「同類」ではないこと、その「違い」を明瞭に示すことができなければならないのである。

「左翼の再生」とは、単に多数派になるという数の問題にとどまらない。なぜなら不公正・不平等な資本主義社会をどう変えるか、いかに変革のうねりを起こすのか、という戦略的ビジョンと先見的イニシアティブに関わる問題だからである。我々アンチ・オーソドックス、ラディカル・レフトにとって、使命とは、「プロレタリアの解放」を通じて、階級のない、誰も虐げられない、したがってプロレタリア（貧民）のいない、そうした新しい社会を創ることである。

レーニンは、1905年、ソヴィエト運動が革命的に高揚する中で、新たな情勢、新たな条件に自らの活動を適応させるために、「大急ぎで新たな組織を創らなければならない。新しいやり方を全党の討議にかける必要がある。『新しいコース』を大胆に、断固たる態度で決める必要がある」（『党の再組織について』全集10巻）と述べた。そして「党の必要不可欠な改革におけるくだらないことを全部投げ捨てよう。ただちに、新しい道に立とう」と訴えたのである。つまり情勢の変化・進展は、「宣伝や煽動のやり方を変えること（一層平易にする必要、問題を取り扱う手腕、社会主義の基本的な真理を最も簡単明瞭に、真に説得的な方法で説明する手腕）を要求するだけでなく、組織のやり方も変えることを要求する」として、「これまでのような型の組織を増やすだけでは不十分であり、新しい組織形態を創り上げることが必要である」と主張したのである。

ここから我々が学ぶべきことは左翼再生のためには、旧来の政治文化や既成概念に浸った「くだらないこと」から脱却して、新たな情勢に対応した「新しいやり方」にパラダイム・シフトすべきだ、「左翼」は自ら変わらねばならない、ということではないか。

レーニンはまた自分たち自身の中にある欠陥として、自らの立ち遅れ・弱さ・誤り・失敗等「一見ばつの悪いように見えること」を

率直に認めようとしない点、「すなわち、はじめから学び始めることを、やりたがらない点にある」と指摘し、自分自身を変革することをおそれず、苦い教訓から学んで「はじめからやり直す能力を持つということ」こそ肝心なことだと述べている。

それは、マルクスが、「プロレタリア革命は、絶えず自分自身を批判し、進みながらも絶えず立ち止まり、すでに成し遂げられたと思えたものに立ち戻っては、もう一度新しくやり直す」(『ルイ・ボナパルトのブリュメール18日』1852年) と指摘した哲学と共鳴しているのである。

我々がマルクスやレーニンの思想から学ぶのは、まさに彼らが自らの「立ち遅れ」に向き合い「新しくやり直すこと」、不断の自己改革をためらわなかった先達であるからだ。もちろん現実の政治はマルクスやレーニンが描いた筋書き通りにはいかなかった。だが我々が彼らから学ぶべき教訓や示唆は未だに多い。勘違いすべきではないのは、マルクスやレーニンの命題をドグマ（教条）にして「知っている」ことと、それに基づいてプロレタリア解放のために「いかに行動すべきか」（それを用意する思想）を「学んでいる」こととの間には、極めて大きな差異があるということだ。それを理解しない者の思想はマルクス主義と似て非なるものである。

（4）　全てはプロレタリアの解放のために！

「情熱」は、目的や理想に向かってエネルギッシュに努力を傾けようとする人間の本質的な原動力だ。これはマルクス（『経哲草稿』）の言葉である。またスピノザは、「苦しみ」が大きければ大きいほど、その苦しみに抗って闘おうとする人間の「行動の内在的モーメント」としての「怒り」も大きくなると言った。

「苦しみ」が、なぜ、どのようにして生まれているのかを問い、「苦しみ」自体の中に「怒り」が宿ること。その「怒り」をモーメント（契機、拠り所）にして反抗し連帯することによって、初めて苦しみから解き放たれる道——革命が切り拓かれること。それを説いて

いるのがマルクス主義だ。

　虐げられし者・持たざる者・「現代社会の最下層」（マルクス『共産主義者宣言』）である「プロレタリア」の苦しみの中に宿った怒りの火は、誰にも消せない。その怒りの火種がくすぶり続けている限り、共産主義者の使命は終わらない。耳を澄ませば、プロレタリアの怒りの声が世界中から聴こえてくるではないか。

　「革命」は、絶えず未熟さを抱え未完だ。だからこそ、未熟を越えて「未完」に挑むこと、新しくやり直すことを不断に求められる。その試練への挑戦は、蹉跌を孕みながら可能性に富む。

　革命への「情熱」を燃やし続け未来を諦めないプロレタリアの反骨心の中にこそ「希望」は宿る。未来は、どこまでも希望と情熱の火を絶やさず、いくつもの国境といくつもの困難を試練として乗り越え、「革命の種」を蒔き続けた者たちを、決して忘れないであろう！　パレスチナ・韓国——全世界の持たざる者の国境を越えた連帯で、希望は取り戻せる！　世界は変えられる！　私たちは、諦めない！「全てはプロレタリアの解放のために！」を胸に刻み新たな試練に挑む！

（2016年1月）

第4章　21世紀の希望のコミューン

（1）　未来に種を蒔くビジョンとポリシー

　世界中いたるところで、プロレタリアは、既成の劣化した制度的政治に挑みかかり、資本主義グローバリズムへの逆襲を始めている。人間らしく生きられる公正・平等な権利と尊厳を求めるプロレタリアは、変革を必要とし望んでいるのである。時代はうねり、世界は混沌と激動が錯綜する転換期―過渡期にある。

　2011年以降の欧州の「怒れる者たち」や米国のウォール街等の占拠運動、日本の反原発運動、さらには沖縄の反基地運動、14年の台湾や香港の草の根からのプロテストに象徴される「新たな変革のうねり」は、我々に変革のビジョン（構想）とポリシー（方策）を提示するイニシアティブ（創意・目的意識）を再創造するためのヒントを与えてくれた。日本に於る3・11以降の反原発運動の前例のない広がりも、こうした国際的なコンテキスト（文脈）から「新次元の変革のうねり」という意義を捉え直すべきだ。ここから我々は左翼再生のヒントをつかみ取る必要がある。

　低迷する日本の左翼の再生にとって求められていることは、「新たな情勢」「新たな現実」に見合った「新たな試み」である。1党1派のセクト的利害に固執してきた旧来のパラダイムから脱却することである。今こそプロレタリアの「抵抗・連帯・解放」のベース（根拠地・砦・拠点）として「希望のコミューン」を21世紀に於て創造するために力を合わせ連帯するべき時ではないだろうか。

　世界を席巻するグローバリズムの下で、資本主義は、人々から生存権を奪い労働力を売ることでしか生きられない「新たな奴隷的状態（隷属）」を強いている。「人間らしく生きられない」現実とは

「奴隷」に等しい状況に置かれていることを意味する。そして為政者・権力者は、いつも「持たざる者」の目と耳と口を塞ごうとしている。こうした構造的暴力こそ広がる格差と競争社会を成り立たせている前提なのである。ドイツの詩人ゲーテは、「自由でないのに自由だと思っている人間ほど、奴隷になっている」と言った。資本主義とは、人々の未来を閉ざし自由と希望を奪う体制である。

　グローバリズムは、相互依存を深める国家間の格差を縮小させる一方、国境を越えて利潤を貪り富を独占する「持てる者」と人間らしく生きるための最低限度の生活（生存権）さえ保障されない「持たざる者」との貧富の「国内格差」を、先進国でも後進国でも拡大させている。この傾向を助長してきたのは主に新自由主義政策だ。さらにプレカリテ（不安定）がキーワードとなった格差問題は、政治の劣化と左右への「二極化」現象をもたらしている。資本主義体制を成り立たせてきた国民国家秩序（国民統合）の弱体化と制度的政治（代議制）の劣化といった歪みを隠蔽するために、他国や社会的少数派を標的にして排外的な反感・憎悪を煽るナショナリズム（国家主義）が台頭する傾向——国家主義に傾倒する安倍政権の下で在特会等のヘイトスピーチの横行——が先進国に共通して見られる。グローバリズムと一見矛盾するナショナリズムの台頭は、資本主義の体制的危機の深刻さを象徴するものだ。それゆえ世界的潮流になっている「反格差」の課題と向き合うことは、現下のグローバリズムとナショナリズムと闘う最大のテーマの一つである。

　制度的政治の劣化が今日、世界的な現象として指摘されている。先進国に於る投票率の低下（先の日本の総選挙は戦後最低の52％、米国の中間選挙は40％以下）は、「劣化する政治」への不信感の高まりを表している。それは、民意を反映しない小選挙区制度から代議制民主主義そのものに向けられている。本来「間接民主主義」は「直接民主主義」を補完する制度、つまり代議制だが、草の根型の直接民主主義が未成熟であれば代議制は劣化せざるをえない。その政治の劣化をただせるのは草の根型の民主主義に基づいた社会運動や沖縄の

プロテスト以外にない。今あるあらゆる権利や自由は、長年にわたる幾多の犠牲を被りながら草の根から民主主義を闘い取ってきた先人たちによって獲得してきたものだ。今も人々は世界中いたるところで権力（政権）に反抗している。選挙だけが意思表示でも民主主義でもない。

変革のイニシアティブは、どういう社会を目指すのかというビジョンと、それをどうやって実現するのかという行動と組織化の方策・ポリシーが結びついた時、初めて発揮できる。

資本主義グローバリズムに対抗し左翼を再生する新機軸は、①社会的排除を被っているプロレタリアと連帯し、草の根型の民主主義に基づいた社会運動を通じて、②「抵抗と連帯と解放」の砦として「希望のコミューン」を21世紀に於て創造することであろう。今ほど「権利を取り返すためのコミューン」（ハーヴェイ）の再創造が求められている時はない。

（2） 岐路に立つ左翼——問われる存在意義

私たちは、実に60年—70年安保闘争をはじめ幾多の闘いの中で教訓を受けてきた。それにもかかわらず、失敗や過ちを直視しそこから学ぶことができなかった。それゆえ依然として自らの「立ち遅れ」や「弱さ」を認めることができない。そればかりか自分に都合の悪いことをごまかす隠蔽体質や政治文化は、ネオ・スターリン主義と言う他ない。そのことに余りにも無頓着だ。

失敗から得られるはずの教訓まで闇に葬り、自らの過ちを率直に認めることができないで、どうして人々を信頼させられるだろうか。失敗や欠陥を認め教訓を学べるかどうかは、公正性や人間性の指標であり、旧ソ連や中国のスターリン主義者との「違い」を証明するメルクマール（指標）でもある。自らの失敗や欠陥、立ち遅れを率直に認め、そこから教訓を学ぶことがベクトルを反転させ自己変革のモーメントになりうるからだ。この思想を欠いたスターリン主義者との「違い」が分からず民主主義についてほとんど何も語ってこ

なかったに等しい左翼の政治文化は不毛である。

　70年代以降、内部対立や不毛な分裂を繰り返した体たらくによって、失われた信頼の大きさを考えれば信頼回復と再生への道程は険しいと言わざるをえない。実際、左翼が発するメッセージは、往々にして古びていて人の心に届かなかったり信頼を十分に取り戻すには至っていない。あるいはマルクスやレーニンの概念は、大多数の人々にとって不明瞭なままだ。

　日本の左翼に展望が見えず存在感が乏しいのは、単に人数が少なくなったからではない。資本主義グローバリズムに対抗する新機軸として「木を見て森も見る」ようなビジョンとポリシーをクリアに打ち出せないから再生への展望を拓けず存亡の岐路に立たされているのだ。一方で大衆運動に市民主義的に迎合する「ライト」な左翼と、他方で大衆運動をセクト主義的な囲い込みに利用することを自己目的化している「ヘビー」な左翼とに二極分化している。

　自戒を込めて言う。日本の左翼は、新たな情勢に対応するイニシアティブを喪失し立ち遅れている。格差や原発、安保（沖縄の基地）の問題等、断片的・個別的な解決が難しく人々の生存にかかわる問題であるほど社会の在り方が根源的に問われるがゆえに「各論の寄せ集め」や「諸課題の羅列」にとどまるような、その場しのぎの対応や形だけのスローガン政治では、こうした課題に応えられる変革のビジョンを示せない。

　一方で、「自分だけはすべて分かっている」といった思い込み（バイアス）に囚われて、不都合な事実から目を背け、他者の意見に耳を貸さない独善的・アンフェアな態度や、自己顕示やうぬぼれが強く、むやみに揚げ足を取るようなあざとい活動家も散見される。これらは運動を腐らせ、左翼への信頼を失わせてきた要因の一つだ。

　また日本の左翼には、「単一性」を偏重し、自分と同じように考えない異論や「多様性」を排除する傾向もある。「政治文化」に於ては、世界でも珍しいほど美術や音楽、演劇、映像といった文化・芸術分野に触れないことが多い。ある意味、「政治」だけを限定的

に追求し社会科学を重視して「文化・芸術」は政治に利用し従属させるものだという傲慢な固定観念に浸ってきたからであろう。

　左翼の再生には、こうした旧来の思考─行動様式や政治文化から脱却するパラダイムシフトが必要である。ボルシェヴィキを「成功モデル」として前例踏襲するような思考停止や惰性は、再生と変革を妨げる。「再生か衰退か」の岐路に立つ左翼に、波紋を呼びそうな一石を投じ、それを広げていくこと。我々が挑む「新たな試み」にはそんな狙いがある。

　マルクスやレーニン等先人たちの言葉から我々がインスピレーションを得ようとするのは、彼らから学ぶべきヒントがまだあるからだ。

　マルクスは、「歴史的創意と情熱に輝いていた」パリ・コミューンに関して、「古いタイプのあらゆる政府に絶えずつきまとう属性である無謬性を自負しはしなかった。コミューンは、自らの欠陥のすべてを公衆に知らせたのである」(『フランスの内乱』)と述べ、「民主主義を戦い取る」ために不可欠な「公正性(フェアネス)」を培ったコミューンの政治文化を賞賛した。ここにコミューンの意義を認めロシア革命に於てソヴィエトとして発展させたレーニンの政治思想との共振性がある。それは21世紀の今日に於ても我々が学ぶべき視座である。

　レーニンは、ロシア革命に於て「民主主義を徹底的に発展させ、その諸形態を探し出すこと」(『国家と革命』)は、「解放闘争上で非常に大きな意義を持っている」ことを指摘し、「コミューンを実現しようと試みることは避けられない」と述べていた。また革命を成し遂げるには、あくまでも「政党に依拠するのではなくて、『前衛であるプロレタリア』に、その革命的高揚に依拠しなければならない」ことを強調した。そして、自らの過ちや欠陥、立ち遅れと向き合う思想の大切さを常に訴え、この対極にあって「労働者(プロレタリア)民主主義」を否定しボルシェヴィキを腐らせたスターリンらとの「最後の闘い」に於てこう説いた。

「どこでそういう誤りがおかされたかを冷静に見てとり、万事をはじめからやり直す能力を持つということ……すなわち、はじめから学び始めること」(1922年レーニン全集33巻)。「前衛が、自分自身を教育することを恐れず、自分自身を改造することを恐れず、自分には訓練も能力も足りないことをあからさまに認めるのを恐れないことである」(同)。「我々は、我々の機構を一新することを、ぜひとも自分の任務として提起しなければならない。すなわち、第一に、学ぶことであり、第二に、学ぶことであり、第三にも学ぶことである」(同1923年)。

我々は、社会運動やパレスチナ・韓国民衆との国境を越えた連帯を通じて、「社会活動のあらゆる分野、文化と政治のすべての舞台」(レーニン)に習熟し現実の多様な闘いから学ぶというポジティブな要素と、過去の過ちや失敗から学ぶというネガティブな要素、このポジとネガの両面から学ぶことが大切だ。では「学んだ」ことの証しとは何か。それは自らが「変わる」ことである。我々は、変わらなくてはならないのであり、まだまだ学び足り得ていない。

革命を目指すこと自体、「不可能への挑戦」と言える。レーニンも「百に一つの見込みしかない場合でも、とにかく可能性を現実のものとするように試みる値打ちはあるであろう」と「新たな試み」に挑戦することの意義を述べた。革命は、たとえ一定のことを成し遂げたとしても、理想とする未来に向かって試行錯誤し絶ゆまず変革を重ねることを迫られるから、常に「未完」である。

変化する情勢に対応して、自らの「立ち遅れ」を認め自己変革をためらわず不断に戦略を練り直すことによって、イニシアティブを再創造しうる者だけが、革命の担い手となることができる。「革命の種を蒔く」(「ゲバラ」)こと、希望を託す次代の担い手にパスすることが我々の果たすべき役割と使命である。

21世紀の世界を変えるために、未来に種を蒔こう！ 未来を諦めない！ 世界は変えられる！ 希望は取り戻せる！ (2015年1月)

第5章　沖縄の自決権

(1) 繰り返される琉球処分——植民地化と同化主義

　米軍普天間基地の「県内移設—辺野古新基地建設」に反対する沖縄の世論は、大きなうねりを見せてきた。それにもかかわらず「アメとムチ」で民意を踏みにじり強権的に名護市辺野古に新しい米軍基地を建設しようとする日本政府に対して、沖縄民衆の怒りは今やマグマのように燃えたぎっている。その怒りの種火となってきたのは、紛れもなく着工を阻み続けてきた辺野古現地の闘いであり、日本（ヤマト）に対して沖縄のことを沖縄抜きで決めるなという草の根からの異議申し立て、プロテストのうねりであった。

　なぜ、「日本復帰」（72年の再併合）後も長い間、沖縄は米軍基地の集中（在日米軍基地の4分の3）に苦しめられねばならないのか。「基地の島」に象徴される植民地構造的な差別に苦しむ現実は、日本の国家権力によって何度も繰り返されてきた「琉球処分」（「反復する琉球処分」仲里効）を沖縄の人々にアナロジーさせずにはおかなかった。沖縄は「琉球処分が、今もまだ続いている状況」（平良修）にあるという歴史認識が底流にあるからだ。

　そこには、植民地にされ虐げられてきたがゆえに、日本への同化を拒み隷属からの解放をめざす自治・独立志向を伴った「自決権」への希求が孕まれている。沖縄民衆の「自決権」（沖縄の未来は沖縄が決める自己決定権）を取り戻したいという希求は、地殻変動が起こる時代の節目のたびに、まるで「歴史の岩盤から浸み出す地下水脈」のように現れる。それは今や、奔流となって日米安保体制の根幹を揺るがしている。

　ところが沖縄の自治や独立を求める政治主張は、「左翼」同化主

義者にとって、「有害」（日本共産党）であり「犯罪」（革マル）としか見なされない。「沖縄独立論は被害者意識の表れだ」と切り捨てる右翼保守派ナショナリストの日本同化思想（「日琉同祖論」同一民族論）の論調と全く変わらない。こうしたウチナーンチュ意識を解体し自決権を奪おうとする左右の同化主義との対決は沖縄解放運動にとって避けて通れない。まさに「同化主義＝同化志向の問題は、沖縄におけるすべての運動論、とりわけ自決権や自治権に関わる議論をする時、あるいは歴史認識について論じる時、根幹をなす議論でなければならぬ」。（新川明『沖縄・統合と反逆』筑摩書房）

　沖縄の人々の「自分は何者か」というアイデンティティー（帰属意識）である「ウチナーンチュ（沖縄人）意識」は、日本（ヤマト）による植民地化と同化、構造的差別と基地集中の犠牲を被ってきた歴史を背景にして、「琉球処分」が繰り返されるたびに「日本国に対する民族的な異族感、あるいは文化的な異質感」（新川明）や時には反日本（ヤマト）意識さえ帯びる政治的な不信感と重なり合って培養されてきたといえる。

　沖縄（琉球）と日本は、似ているようで実は、歴史や文化、言語の深いところでは、かなり異なっている。「琉球処分」以降の天皇制国家権力による植民地化・同化政策の強制、国体護持の「捨て石」にされた沖縄戦の苛酷な体験を経て、戦後の沖縄は「基地の島」にされ日米安保―国策の犠牲を集中して背負わされてきた。こうした沖縄の苦難の歴史によって、また日本と沖縄の支配―隷属の歴史に対する日本側の認識不足から、沖縄は、日本への「不信感」を募らせてきた。この沖縄の「不信感」や「隔たり」（注）に向き合い理解を深めていくこと（木を見て森も見ること）が、連帯感を形成する前提だと考える。

　とくに日本の左翼は、一般的に自分たちと同じように考え行動することが当たり前だと思いがちでそれゆえ「多様性」や「異質性」を排し「単一性」やモノトーンを重んじる傾向がある。しかも世界でも珍しいほど、美術や音楽、演劇、映像といった文化・芸術に触

れないことが多い。「政治」だけを限定的に追究し、文化や芸術を「無駄なもの」か、あるいは政治に利用し従属させるべきものだ、という傲慢な固定観念があるからではないか。こうした見方は、日本（ヤマト）に支配され隷属を強いられながらも苦難の歴史の中で民衆が培ってきた沖縄固有の文化（音楽や舞踊、空手等）や同化を拒んできた独自のアイデンティティーに対する理解を難しくする。そればかりか蔑視するような致命的な欠陥にさえなりうる。

　（注）「今、失望や諦念を抱く県民も多いはずだが、沖縄が新たな地平に向き合うことの必要性を自覚したい。ここ4年、『県内移設ノー』の民意が一つに結ばれる過程で、私たちは、尊厳をかけて、基地押し付けの不条理を差別と捉え、敢然と異議を申し立てることの正当性を深く認識した。その歴史的価値は全く減じない。沖縄の力を過小評価せず、沖縄の未来は沖縄が決める『自己決定権』を発揮しよう。局面を変える節目はこれからも到来する」（2013年12・27付琉球新報特別評論、松元剛）。

　「沖縄県民は、本土防衛の『捨て石』とされた沖縄戦の体験をはじめ、戦後の過酷な米軍統治、1972年の日本復帰後も後を絶たない米軍基地被害など、国策の矛盾を絶え間なく背負わされてきた。しかし、県民はこれに屈することなく、歴史的事実や現在進行形の植民地的政策の事実を通して、沖縄を踏み台にしたこの国の民主主義の矛盾を突いている。自らは安全圏にいて平然としている『本土平和主義』を鋭く告発し続けている。〈中略〉

　県民は、沖縄に構造的差別とさまざまな犠牲を強要するこの国に不信感を募らせている。その中には強力な自治権が必要だと考える人がいれば、新世代の研究者や市民運動家を中心に『もはや独立しかない』と考える人々も増えている。そこまで沖縄に犠牲を強い、追い詰めている自らの不明を、この国の政府、国民は自覚しているだろうか」（「琉球新報が伝える沖縄の『論理』と『肝心』（ちむぐくる）」刊行にあたって—2014年4月1日、富田詢一）。

（2） マルクスとレーニンの自決権の思想

　「沖縄問題」とは、日本国家権力によって「国内」に併合（1879年の「琉球処分」、1972年の「日本復帰」＝再併合）された「植民地問題」である。本質的には帝国主義（日本）と植民地（沖縄）の問題であり、これに規定されて日本（ヤマト）と沖縄（ウチナー・琉球）の歴史は、植民地支配による抑圧と被抑圧の関係にある。それゆえ「沖縄問題」は、日本におけるいわば「アイルランド問題」（イギリスに併合された植民地アイルランド問題）と言える。

　だが、こうした「植民地・民族問題」（植民地からの解放を求める被抑圧民族の問題）は、これまでマルクス主義者—共産主義者にとって、最大のアポリア（難問）であり「アキレス腱」とさえ言われてきた。今日においてもマルクス主義を著しく歪めたスターリン主義（ナショナル・ボルシェヴィズム）の過ちが最も凝縮された問題であることは間違いない。しかも日本の左翼の大多数（日本共産党、革共同革マル派、中核派等）は、このことにまったく無自覚である。そればかりか併合に反対せず、植民地化—同化政策を容認し被抑圧少数民族の「自決権」を否定・侵害したスターリン主義もしくはネオ・スターリン主義に等しい誤り—「左翼」同化主義に陥っている。それを、まさに浮き彫りにしたのが、この「沖縄問題」なのである。

　したがって「沖縄問題」、すなわち国内植民地からの解放と基地の全面撤去を求める沖縄民衆の闘いは、日本の左翼にとって、「マルクス主義」の外被をまといながら沖縄の自決権を認めず自らのスターリン主義的な歪みを糊塗する「左翼」同化主義者であるか、それとも日本の対沖縄植民地化・同化・一体化政策に反対して沖縄の自決権・解放のために闘う真の国際主義者であるか、そのことが問われる「試金石」なのである。

　国内植民地ゆえの構造的差別と犠牲を強いられ日米安保体制によって「基地の重圧」に苦しめられてきた沖縄民衆と真に連帯するためには、また真に信頼を受けるに足るには、同化主義やスターリン主義との対決・克服が避けて通れない課題である。それゆえ「植

民地・民族問題」をめぐるマルクスやレーニンの思想から学び直すというアプローチを通して、「自決権」に再び光を当て、旧来のパラダイムから脱却した「21世紀の沖縄解放」の構想（ビジョン）を導き出すことが、今ほど求められている時はないと考える。

★沖縄解放の構想★

　1．「沖縄問題」とは、日本国家内に併合（「琉球処分」）された植民地問題─国内植民地の問題である。したがって国内植民地からの「沖縄の解放」は、日本の革命的変革を担う者にとって不可欠な歴史的使命である。

　2．「沖縄解放」のキーワードは、自決権（自己決定権─分離・独立・自治の自由）のために闘うことである。日本のプロレタリアは、沖縄の再併合（72年「日本復帰」）─国内植民地に反対して闘うことによって、また同時に日本同化主義やスターリン主義の過ちと闘うことによって、はじめて沖縄民衆との真の連帯が保障される。

　3．「日米安保」に反対し日米軍事基地の撤去を要求する闘いと、国内植民地からの「沖縄の解放」を求める闘いは、ともに結合されなければならない闘いである。なぜなら日米安保体制は、沖縄を犠牲にする（基地の島にする）植民地支配の構造的差別によって成り立っているからである。日米安保を粉砕する闘いは、沖縄民衆との連帯なしに勝利することはできない。

　マルクスが従来の自己の民族問題認識を「180度的に転換」させたモーメントは、イギリスの足元で起こったアイルランドの蜂起─民族解放運動、「アイルランド問題」であった。マルクスは従来の見解を決定的に変更して、イギリスの苛酷な植民地支配に抵抗し、「革命的であり激怒している」アイルランドのイギリスからの分離・独立─解放（併合撤廃）という課題が解決されなければ「イギリスの労働者階級は、結局何一つ成し遂げられないであろう。テコはアイルランドで入れねばならないのだ。そのためにアイルランド問題は、全体としての社会運動にとって実に重要なものになる」と指摘し、「イギリスの支配階級に対する決定的な打撃は…イギリス

においてではなく、アイルランドにおいてのみ与えられうる」、「アイルランドの解放―独立がイギリスのプロレタリアの解放の前提条件である」とまで説くようになったのである。

　レーニンは、ロシアの革命運動において「異民族の最大限の信頼を確保する」ためには、何よりも「被抑圧民族の自決権＝分離・独立の自由」を認め併合に反対して闘うという立場に立つことを強く訴えた。そして「大ロシア的排外主義に対しては、私は生ではなく死を賭けた闘いを宣言します」と述べ、「グルジア問題」をめぐって「民族自決権」を侵害するスターリンらに文字通り「最後の闘い」を挑んだのである。そこでレーニンは「我々が民族問題に対して形式的な態度を決してとらず、抑圧民族に対する被抑圧民族のプロレタリアの態度に必ずみられる隔たりを常に考慮することが、プロレタリア的連帯の、したがってまたプロレタリア的階級闘争の根本的な利益のうえから、必要とされている」と説き、「ごくわずかの民族的不信も取り除くこと、被抑圧少数民族が抑圧民族から被った不信、疑惑、侮辱をつぐなうことが必要だ」という思想を核心に据えたのである。ところが被抑圧民族のグルジア人でありながらスターリンは、このレーニンの主張を完全に黙殺し、それとまさに対極にある自己の民族問題に対する傲慢な思想をこう正当化したのである。「諸民族の自決権のほかに、自分の権力を固める労働者階級の権利もあり、そして、この後者の権利に自決権が従属することを心にとめるべきである」（1923年4月、第12回党大会）と階級闘争に民族自決権を従属させたのである。

　こうして「プロレタリアートが諸民族の分離する権利を認めてはじめて、様々な民族の労働者の完全な連帯が保障される」というレーニンの民族自決権論は、スターリンらボルシェヴィキの多数によって葬り去られ、ナショナル・ボルシェヴィズムの蔓延を許すにいたったのである。自決権のために併合に反対して闘わなければ、「プロレタリアートの国際主義は、空っぽな口先だけのものにとどまるだろう。また、被抑圧民族の労働者と抑圧民族の労働者との間

の信頼も階級的連帯も不可能であろう」というレーニンの指摘の正しさは、まさにその後の歴史によって皮肉にも証明されたといえる。

マルクスとレーニンのこうした自決権の思想をモーメントにしてこそ、植民地支配による差別と同化によって形成された沖縄人（ウチナーンチュ）と日本人（ヤマトンチュ）との「隔たり」を克服し「信頼と連帯」に反転させることができるのではないか。植民地化・同化を拒み自決権を求める沖縄民衆との連帯が試されている。自決権の思想によって沖縄の解放を構想した新里金福氏の次の言葉は、日・沖プロレタリアの連帯にとって、まさに至言である。

「差別と抑圧にさらされた沖縄が、真に人民次元で沖縄の自決権をわがものにしない限り、沖縄の解放が真に内実化しないばかりか、ついに日本の解放も内実化しないまま失敗に終わるであろう。沖縄の解放なしに日本の解放もまたありえないのである」。（新里金福『沖縄解放闘争の未来像』新泉社）

（3） スコットランド独立運動と民主主義

かつて「民族自決」「分離・独立」は、民族主義・ナショナリズムの文脈（コンテキスト）で語られることが多かった。それは前世紀（20世紀）の特徴でもあった。だが今はそこが大きく違う。21世紀における「自治・自立・自決」は、民主主義（政治的自由）の文脈で捉えられているのである。

2014年9月18日に行われた英国からのスコットランドの「独立」の是非を問う住民投票——結果は反対票が55％で独立は否決されたが16歳以上にも投票権が与えられ投票率は約85％——は、血を一滴も流さず住民投票という直接民主主義によって平和裏に独立の是非を問うことが可能だということ、そしてスコットランド独立運動が偏狭な民族主義・ナショナリズムとは無縁の成熟した民主主義（デモクラシー）を体現していることを世界に示したといえよう。

スコットランドの独立運動は、反格差・反基地・反核をベースに「自治・自立・自決」を求める民主主義をめぐっての、直接民主主

義に基づいた草の根からの闘いだった。しかも単なる民族主義による独立要求にとどまらず、ＥＵ統合の深まりを背景にして、代議制―制度的政治と国民国家の劣化という資本主義を支えてきた二つの大きなシステムの転換―パラダイム・シフトが問われた「新たな試み」への挑戦でもあった。

　この「分離・独立」の動きは、従来の国際秩序の基本単位であった「国民国家」そのものがグローバリズムの波にもまれて大きく揺らぎ始めている現実を浮き彫りにした。グローバリズムが世界を覆い「持てる者」・多国籍企業が国境を越えて富を独占し利潤を得ている中で、旧来の国民国家と中央政府はグローバリズム・新自由主義と結託し民衆の「人間らしく生きる権利」を守る役割を果たしていないばかりか、その生存権を脅かし少数派（マイノリティー）を周縁（マージナル）化していると映った。多数派（マジョリティー）の握る中央政府が差配する所得分配や安全保障政策（英国の核兵器配備の押し付け）の不公正・不平等に対する少数派の怒りが、中央政府（多数派）に支配され財政資金を分けてもらう「くびき」からの解放と自決権を求める「独立」機運を覚醒させたのだ。

　こうしたスコットランド人が示した草の根民主主義による「民族自決権」「分離・独立」を求めるうねりは、同じ問題を抱えるスペインのカタルーニャやバスクの独立派、そして自決権要求を高めている沖縄（琉球）の人々を大いに勇気づけたのである。

　自己決定権を求める沖縄とスコットランドとの共通点を、島袋純琉球大教授はこう指摘している。

　「沖縄はかつての琉球王国が1879年に日本に併合された『琉球処分』の歴史を持つ。近代主権国家の形成期に主権を喪失した独立王国だったという点でスコットランドと共通する。また、スコットランドのグラスゴー近郊の軍港には原子力潜水艦が駐留し、軍事基地が集中する沖縄との類似点もある。沖縄には自決権拡大や独立を研究するグループがあり、住民投票には沖縄でも高い関心があった。

〈中略〉

普天間飛行場の名護市辺野古への移設問題によって、沖縄では今、自己決定権を求める流れと基地反対の流れが合流しつつあり、大きなうねりになってきている。政府の強行的な政策への不満が高まる沖縄にとって、スコットランドの民主的な手続きを根拠にした自己決定権の確立のプロセスは大きなモデルになる」（14年9・26付毎日「論点」）。

　また琉球新報の新垣毅編集委員も次のように語っている。

　「住民投票ではスコットランドに配備されている核兵器の撤去も大きな争点となった。撤去を訴える独立派は、核兵器の経費を弱者の社会保障に充てるべきだと主張し、支持を広げた。こうした価値観の底流には平等や平和の思想がある。新基地建設などに見られる日本政府の強権策はスコットランドの人々の目には到底考えられない事態に映るようだ。独立派の人々に無力感は感じない。むしろ『やる気になれば必ず独立できる』という確信さえ伝わってきた。反対派勝利を予測した人さえ、独立に向かう流れは今後も『止まらない』と口をそろえる。

　沖縄にも戦後、島ぐるみ闘争や復帰運動を通して勝利を勝ち取ってきた歴史がある。ここ数年を見ても、大規模な県民大会などを活発に繰り広げてきた。ウチナーンチュ（沖縄人）は無力感の前にひざまずいたことはない。スコットランド同様、状況を変え、自ら権利を勝ち取る力がある。欧州では今、欧州連合（EU）の枠組みを前提に、平和的に独立や自治権拡大を求める動きが盛んだ。今回の住民投票は従来の主権国家を主役としない新たな世界秩序の予兆にも見える。沖縄の自己決定権要求の動きは決して孤立していない」（9・29付毎日）

（4）　国内植民地ゆえの差別政策―同化主義

　沖縄は、近代以降日本によって植民地にされ、これまで4度の決定的な植民地主義的差別を経験したといわれる。①独自の王国だった琉球が日本に強制的に併合された1879年の「琉球処分」。②日本

「本土」防衛（国体護持）の「捨て石」として悲惨で膨大な犠牲を強いられた1945年の沖縄戦。③日本の「独立」と引き換えに沖縄を米国統治（軍政）下に置くことを認めた1952年のサンフランシスコ講和条約発効による「切り捨て」。④そして1972年5・15の施政権「返還」（本土「復帰」）による日本への「再併合」である。幾度となく繰り返し沖縄は、「琉球処分」と形容される植民地主義に基づいた差別政策を被ってきたのである。

　安次富浩・ヘリ基地反対協共同代表は、15年8月31日、東京で開催された集会でこう語っている。

　「沖縄の闘いは、沖縄の文化や自然、歴史を背景にしている。沖縄はもともと独立国家だった。明治政府の『琉球処分』によって日本（ヤマト）に併合された。そうした沖縄（ウチナー）の歴史と日本（ヤマト）の歴史との違いを知ってもらいたい。沖縄に来る前にそうした沖縄の歴史を少しでも学んでほしい。私たちウチナーンチュ（沖縄人）は少数民族。日本は単一民族国家ではないはず。そういう歴史の視点で闘ってほしい。私たち沖縄・辺野古の闘いは『自己決定権』を求める闘いだ。琉球・沖縄の未来は私達ウチナーンチュが決める。日本政府に委ねるつもりはない」。

　国連人種差別撤廃委員会は、14年8月29日、日本政府に対する勧告の中で、沖縄の人々を「先住民族」であるとして、その権利（民族自決権）を保障すべきであること、琉球・沖縄の固有の歴史や文化、伝統、言語を認め尊重するよう勧告した。沖縄の人々（ウチナーンチュ）を日本人（ヤマトンチュ）とは異なった「先住民族」であると認めた同委員会の見解は、それを「不都合な真実」として葬り沖縄の「自決権」を認めず奪ってきた日本政府はもとより、沖縄人（ウチナーンチュ）意識を蔑み解体しようとする同化主義＝植民地主義と闘えないできた日本の左翼（日本共産党や社民党、革マル派、中核派等）も、今回の勧告を真摯に受け入れるべきであろう。

　沖縄にとって「辺野古問題は明治政府が強行した琉球処分の歴史に重なる」（作家・目取真俊）と指摘されるように、1879年の「琉球

処分」の歴史評価は、「日本民族の統一」として「日琉同祖論」（日琉同一民族論）に基づいて沖縄人意識や「民族問題」を解消する同化主義（植民地主義受容）の立場をとるか、それとも「国内植民地」とした強制的な併合と見なして自決権獲得による脱植民地主義（植民地からの解放）の立場をとるか、という分岐点となる重要な歴史認識の指標である。日本共産党等は、スターリン主義に基づいた「左翼」同化主義によって「日本民族の統一」として評価するために「琉球処分」を批判しえず、したがって沖縄人としての「自決権」も認めることができない。

　マルクス主義の立場から「沖縄の解放」を構想した新里金福（あらざときんぷく）氏の思想は、今もなお私たちにとって拠り所となっている。それは一言で要約すれば、「国内植民地」沖縄の解放は真のインターナショナリズムに基づいて「自決権」をつかみ取る闘いだということにある。

　「琉球処分で沖縄はいわば『国内植民地』として日本に併合されたのであって、決して民族統一の一環として、日本に結合されたのではなかった。〈略〉琉球処分後の沖縄の歴史は、文字通り差別と抑圧の残酷史であった。そして72年返還後の今日に至っても、その本質は不変のまま継承されている」「日本の資本と権力の繁栄と延命の手段として、終始沖縄は犠牲にされ利用されてきたということである。」（新里金福『沖縄解放の思想と文化』新泉社1976年）

　「日本の資本と権力による沖縄に対する処遇の根底に流れている、云うならば沖縄近代100年の歴史を貫いてきた植民地政策としか規定しようのない歴史的パターン…」この「植民地政策の展開は、云うまでもなく本国と植民地間の埋め難い差別政策としてなされるのであり、植民地が植民地であり続ける限り、差別政策の根本からの廃絶はありえない。」（新里金福『沖縄解放闘争の未来像』新泉社1973年）

　「復帰後の沖縄の闘いは何を目指して進んでいるのだろうか。ひとくちでいえば、それは『自決権』を目指して進んでいるといえるであろう。〈略〉これまでの沖縄の歴史は、他者の決めたことに、

ただ黙々と従うといった受身の歴史であった。それを逆転させるのが、自決権である。そこまでこなければ、沖縄の解放もない。これはしかし、遠いはるかな道のりである。」（新里金福『沖縄から天皇制を撃つ』新泉社1987年）

「自決権の宣言も、そのインターナショナリズムへの一里塚としてあるものであって、単に沖縄ナショナリズムにとどまるものではありません。」（前同）

「本土―沖縄を貫く人民権力の樹立だけで、沖縄と日本（本土）の解放が完結するのではない。差別と抑圧にさらされた沖縄が、真に人民次元で沖縄の自決権をわがものにしない限り、沖縄の解放が真に内実化しないばかりか、ついに日本の解放も内実化しないまま失敗に終わるであろう。沖縄の真の解放なしに日本の解放もまたありえないのである。」（新里金福『沖縄解放闘争の未来像』1973年）

被抑圧少数民族の「自決権」は植民地からの解放を目指す闘い、脱植民地主義の闘いにおいて重要なモーメントである。自決権は、抑圧された少数民族に保障されるべき政治的権利であり、民主主義に基づいた権利である。こう主張したレーニンは、「民主主義を戦い取る」ための闘いにおいて、「民族的抑圧をなくす」には、「自決権」が決定的な意味を持っていることをこう指摘した。

「プロレタリアートは、その国家の国境内に被抑圧諸民族を暴力的にひきとめておくことに反対して闘わざるを得ないが、これこそ自決権のために闘うことを意味する。プロレタリアートは、『自』国によって抑圧されている植民地および諸民族の政治的分離の自由を要求しなければならない。そうしない場合には、プロレタリアートの国際主義は、からっぽな口先だけのものにとどまるだろう。また、被抑圧民族の労働者と抑圧民族の労働者との間の信頼も、階級的連帯も、不可能であろう。」（レーニン全集22巻『社会主義革命と民族自決権』）

「（民族的抑圧を完全に排除する可能性）この可能性は、……分離の完全な自由までふくめて、あらゆる分野で民主主義を完全に実行する

場合に『のみ』──『のみ』だ！──現実性に転化するであろう。この基盤のうえで、次にごくわずかの民族的摩擦も、ごくわずかの民族的不信も絶対に排除される状態が実際に発展し、諸民族のすみやかな接近と融合が生まれる。」(レーニン全集22巻『自決にかんする討論の総括』)

辺野古の闘いは、一基地問題を越えて、日本と沖縄の在り方、支配と従属の歴史、すなわち植民地主義を問う拠り所になっている。辺野古は今や、沖縄にとって自決権を求める民主主義の闘いの最前線であり、脱植民地主義に裏付けられた「沖縄の怒り」の象徴なのである。

「県民は『沖縄の尊厳』に裏打ちされた基地の島からの脱却、沖縄のことは沖縄が決める『自己決定権』の獲得という二つの固い決意を日々、強めている。〈略〉

自らの意思で沖縄のありようを決めることができなかった負の歴史に終止符を打ち、子や孫の将来世代に基地負担を残さないという不屈の誓いが説得力を宿していた。」(琉球新報 2015年5月18日社説「新基地拒否県民大会」)

「ここ数年ほど『自己決定権』が関心事になったことは過去にないだろう。裏を返せば、今ほど露骨に沖縄の自決権がないがしろにされた時期もないということだ。〈略〉国際法(国際人権規約)も無視した沖縄の自決権侵害は『琉球処分』(強制併合)、施政権分離、日本復帰でも繰り返されてきたものだ。〈略〉

今、辺野古新基地をはね返し、自決権を取り戻さなければ、我々は子孫を守れないのである。」(琉球新報 2016年1月3日社説)

辺野古新基地反対の闘いは、「国内植民地」ゆえの「基地の島」からの脱却と「構造的差別」──同化主義を拒否する脱植民地主義の拠点である。それは自決権を取り戻し民主主義を戦い取るための沖縄の砦に他ならない。

第 II 部 21世紀のプロレタリアとは何か

「持たざる者」の国際連帯行動（2008年11月3日、撮影 筆者）

21C. WE CAN CHANGE THE WORLD !
PRELUDE TO REVOLUTION !

第1章　現代社会の階級論

はじめに

　なぜ、いま「階級論」なのか。それは、資本主義グローバリズムがもたらした、貧しい「持たざる者」と豊かな「持てる者」との階級的な貧富の格差と矛盾・対立が拡大している中で、こうした時代の変容――とりわけ階級構造と労働市場の再編――に対応して「階級論」を再構成することが、社会を根底的（ラディカル）に批判し変革する理論的武器を鍛え上げるために決定的に重要であると考えるからである。

　今日、「格差社会」や「不平等」が論じられているのも、グローバリズムによる失業と貧困、競争と排除が顕著になる中、経済的・社会的な格差や不平等といった、これまで封印されてきた「いびつさ」が全面化するようになって、格差や不平等が避けて通れないテーマであると認められるようになったからである。こうして、この問題の根底にある「階級」がクローズアップされるようになったのである。そして、階級社会の仕組みやその矛盾を解明し、資本主義に対抗する「階級闘争」を展望し「変革主体」を措定するための「階級論」が求められるようになったのだ。まさに「階級論」は時代の要請なのである。

　昨今、新たな階級概念、社会変革の主体を措定する言説として、ネグリとハートの「マルチチュード」や柄谷行人の「消費者」が論議を呼んでいる。非物質的労働に注目する「マルチチュード」論と、生産過程よりも流通過程における「消費者」を重視する見方、この両者の論立てに共通しているのは、階級を経済還元主義的に概念化してきた旧来の階級論に対する批判が不十分であることだ。たしか

に時代の変化に対応できない「排他的・限定的な階級形成」を批判して、多種多様な人びとという包括的な定義を与えようとする「マルチチュード」論は、それなりの意味を持っていると言える。しかしながら従来の伝統的な階級論や既成の労働運動に対する批判を提起しようとするのであれば、これまで社会変革の「理論と実践」から周縁「マージナル」化され社会運動から「見捨てられてきた存在」にこそ注目し、旧来型の運動の有り様そのものを変革して、「排除された人びと」と連帯することによってグローバリズムとの対抗軸を打ち立て全てのプロレタリアの解放を目指す、という視点が求められているのではないだろうか。

「階級など存在しない」といった階級を否定し認めない論説は論外だとしても、時流におもね「階級論」は今日に通用しなくなったと投げ捨て変節したり、あるいはマルクスの権威だけによりかかった経済還元論の旧来の思考様式に呪縛されて時代の変容に対応できなくなったりするなど、それは対極的に見えても思想的混迷の表裏の現れと言える。マルクス主義の階級論をプロレタリア概念をキーポイントに再創造することは、これまでの伝統的な階級論を批判の対象としその限界の克服を目指すことでもある。まさにグローバリズムの時代を迎え歴史的な転換期の中で、マルクス主義階級論そのものが、「新たな問い直し」と「再創造」を根底から迫られているのである。(註①)

(1) 現代の階級論

グローバリゼーションと新自由主義が世界を覆い、その下で「競争と排除」にさらされ「貧困」にあえぐ「失業者や半失業者」が増大している。そのことによって広がった生活の格差、すなわち不平等に対して、人々の関心や怒りが高まりつつある。80年代以降拡大し続けてきた日本の貧富の格差が、今ではアメリカのレベルにまで近づいているからだ。こうした時代状況を反映して、最近まで死語に近い扱いをされてきた「階級」の問題、階級間の格差・不平等を

めぐる論議が、マスメディアや出版・思想界、社会学の分野でクローズ・アップされるようになった。今や日本社会の貧富の格差は「格差社会」「不平等社会」などと形容され国会論議にも取り上げられるほど最大の社会的・政治的テーマとして焦点化しているのである。

経済協力開発機構（OECD）が7月20日発表した06年の「対日経済審査報告書」は、日本の所得格差の拡大を詳しく取り上げ、「相対的貧困層」の割合が2000年の時点ですでにOECD加盟国中、日本は米国に次いで2番目に高かった（ワースト2）と指摘。日本企業がバブル崩壊後の景気低迷でコストを削減するためにリストラを進め、パートやアルバイトなど賃金の安い非正規労働者を増やしたことが――現在では3人に1人、働く女性の半数以上――、所得格差の二極化傾向を強めた背景であると分析している。さらに報告書は、格差の拡大を抑えるために日本がとるべき対策として、①正規職を増やす雇用制度に改める、②非正規職への社会保険制度適用を拡大すべき、③「父親か母親しかいない世帯の貧困が、他の先進国よりも進んでいる」として、貧困を固定化させないための低所得者向けの教育制度の充実、などを提言した。

生活保護所帯が百万を超え、貯蓄ゼロの世帯が2割を超えているにもかかわらず、国民所得に占める社会保障給付額や教育支出は、先進諸国の中で日本は最低水準なのである。一方で、「競争と排除」が渦巻き「日本は、餓死や孤独死や自殺の大国」（鎌田慧）である。まさに、規制緩和、民営化、社会保障の解体、を三位一体とする新自由主義政策を推進してきたことによって、「持てる者」はより富み、「持たざる者」はより貧しくなったことが具体的に示されているのである。

所得（経済）格差の拡大の背景には、競争至上主義に基づく規制緩和（柔軟化）政策の導入による労働市場（雇用）の構造的な大変動があった。パート、契約、派遣、請負といった多様で不安定な就労を余儀なくされ常に失業の危機に怯えながら働く「半失業者」――

マルクスが『資本論』で論述した「半就業者」——とも言える非正規労働者が増えたことが、賃金（所得）格差を拡大させた主な要因であることが裏付けられている。04年の厚生労働省の「就業形態の多様化に関する総合実態調査」によると、非正規労働者の37％が月収10万円未満、41％が10万～20万円未満、正規労働者は8割が20万円以上だ。しかも公的年金加入率に関しては正規労働者の9割以上が加入しているのに対し、賃金が安く不安定な非正規労働者にこそ充実したセーフティネットが必要なのに、実態は未加入が目立ちまったく逆だ。労働市場における競争と排除が生み出した不安定就労や失業の拡大による新たな貧困が、医療、教育、福祉といった公共サービスへのアクセスなど基本的権利を行使できず事実上剥奪され、「最低限の生活」も生存さえも保障されない、つまり社会的権利における不平等に苦しみ「社会的排除」を被っている人びとを増大させているのである。最近クローズ・アップされるようになった「ワーキング・プア（働く貧困層）」（働いても生活保護基準以下の困窮世帯）の急増の問題の本質もこの点にある。

　こうしてグローバリズムの下で労働市場の規制緩和が進められ非正規の不安定な就労構造が拡大するにしたがって、「失業者または半就業者への不断の転化」（マルクス『資本論』）がかつてない規模で増大し、失業問題が、「新たな貧困」と「社会的排除」の主な要因であり、今日の深刻な不平等を象徴するテーマであると考えられるようになったのである。失業問題は、かつてはマルクスの『資本論』の主要な探究課題の一つであった反面、19世紀西欧の階級構造の分析においては、あくまでも周縁的（マージナルな）要素と見なされてきた。だが、それから1世紀を経て新しいグローバリゼーションの時代を迎えた今日、失業問題は、階級構造および変革主体の階級形成を考察するための主要な構成要素（エレメント）になっている。グローバリズムによる労働市場の再編成（規制緩和・柔軟化）が、「失業者または半就業者への不断の転化」（マルクス）を増大させ、今日の「新たな貧困」と「社会的排除」をもたらし、労働者階級内

の「階層分化」（上層・中間層・下層への階層的分化）を構造化することによって、「貧富の格差」の実相を映し出していたのである。

この現代社会の不公正・不平等を明確に批判することができないような階級論は、もはや時代遅れで存在理由を失ったと言わざるを得ない。

「階級論」ならびに階級諸関係、階級構造の分析は、マルクス主義にとって中心概念（キー・ワード）の一つである。それは「革命への展望」を導き出すためのすなわち階級闘争という実践上の戦略問題や運動組織論、政治路線を規定する礎石・出発点である。資本によって搾取され抑圧され虐げられた「持たざる者」――「現代社会の最下層」（マルクス「共産党宣言」）――である「プロレタリア」が自己の解放を成し遂げることは、「同時に全社会をあらゆる搾取、抑圧、階級区別、階級闘争から永久に解放することなしには不可能であるような段階」（エンゲルス「共産党宣言・1888年英語版への序文」）に、いまや階級闘争は到達しているということ――このマルクスの根本思想と階級的立場の土台となっているのが「階級論」なのである。

「階級対立の存立条件と階級一般の存立条件を廃止する」こと「一切の階級の廃止」「階級のない社会」として共産主義を展望していたマルクスにとって、「階級論」は、変革すべき資本主義社会の仕組み――人と人との社会的関係が「生産手段の所有関係」という階級関係（階級的性格）の上に成り立っているブルジョア階級社会の本質――を暴露する上で、その革命論の不可欠な前提である理論的枠組みをなしているのである。それゆえ、「革命主体」としてのプロレタリアならびに労働者階級をめぐる階級概念を主要な理論的問題としてきた。

マルクス主義の階級論の特徴とは、第①に、階級とは「社会的生産諸関係内で共通の位置を占める社会的集合を指示」（アラン・ハント）し、「一定の階級関係や利害関係の担い手」のことであり、この階級関係の根拠は「生産手段の所有―非所有関係」によって与え

られる。つまり、資本主義社会では、人と人との間の社会的関係は、物と物との関係として表面に現れるが、本質的には生産手段の所有者（資本家）と非所有者（労働者）との間の階級関係（搾取関係）であり、所有―非所有の関係が階級的（対立）関係や階級的な不平等、経済的・社会的な格差をもたらしていることを明らかにしている。

第②には、生産手段を所有する資本家（「持てる者」）による階級支配、あるいは「持たざる者」に対する階級分断は、人種や民族・宗教・言語・性といった位相の異なる様々な社会的な差異や分断と絡み合っており、それゆえ後者を前者に単純に還元・解消したりできるものではないことを理解していることである。

第③に、従来の階級構造の分析や階級概念とは決定的に異なる階級論の新機軸（オリジナリティー）を創意（イニシアティブ）をもって打ち立てたことである。それは「一切の階級の廃止」「階級のない社会」を構築し、「資本制的生産様式の変革と諸階級の窮極的廃絶とをその歴史的使命とする階級」（マルクス「資本論」）として「プロレタリア」をその革命の主体（担い手）であるとしたことである。19世紀に生きたマルクスは、当時、「貧民」――「持たざる者」「飢えたる者」「無産者」――の総称であり「最下層の人」を意味した「プロレタリア」というこのラテン語の古い言葉に、新しい時代の「革命主体」として息を吹き込んだのである。分かりやすく単に労働者と呼ばなかったところに、マルクスの言葉の用法の新機軸（オリジナリティー）がある。

19世紀において「下層階級」とは、経済的には「賃労働者階級」であり、政治的には「被支配階級」である。「プロレタリア」という階級概念は、あくまでもマルクスの独創による革命論的な新しい概念だと言える。それは革命的実践の文脈（コンテキスト）に位置していたため、最近の階級論においては、ひどく冷遇されている。この「プロレタリア」概念に象徴的に示されているように、マルクスの「階級論」は、経済学的な問題意識を基底にしつつもそれだけでは捉えきれない――経済還元論に単純化しえない――多元的な概念

として理解されなければならないのである。

　資本主義社会では、生産手段を所有しない賃労働者は、自己のもつ唯一の商品たる労働力を売ることなしには生きてゆけない。その意味において、「持たざる者」・労働者は、「持てる者」・資本家に見えない鎖でつながれていて、従来の被支配階級と同様に支配階級への隷属を強いられる。社会の基本的関係をなす資本家と労働者の間の社会的関係をはじめ人と人との関係も物と物との関係、商品・貨幣の交換関係としてしか現れない。本質的には、生産手段の所有者と非所有者との間の階級関係も、この物と物との交換関係に媒介されて社会の表面に現れる。

　したがって資本主義社会においては、生産手段の所有を物質的基礎にした物に対する支配を通じた人に対する支配によって、労働力さえもが商品となり資本が一切を支配し、資本（金）がすべてであって人間は無であるという逆立ちしたいびつな社会的関係を階級的本質としているのである。だが、資本主義は、自らの「墓堀人」であり「鉄鎖以外に失うべき何ものも持たざる者」であるプロレタリアを生み出し、階級闘争を成熟させ、階級社会そのものの廃棄をもたらす条件を宿さざるを得ないのである。

　我々は、今こそマルクス主義の原点である「プロレタリア解放」の根本思想と階級的立場に立ち返って、「プロレタリア」概念に再び光をあて、「階級論」の輝きを取り戻さなければならないのである。そのためには、マルクス主義の階級論を、従来の経済還元主義的パラダイムから脱却させ、根本から再構成することが問われる。そうしなければ、資本主義・グローバリズムに対抗する現代のコンテキストにおいて、プロレタリア概念を再生することはできないであろう。マルクス主義的左翼運動の中で「革命主体とは？　プロレタリアとは何か？」という問い直し、そのような理論的再検討の不在——思考停止に他ならない現状維持——がもたらした影響は、理論においても実践においても「立ち遅れ」をもたらしてきたのである。（註②）

（2） マルクスの根本思想

　マルクス主義理論の思考の前提は、何よりも我々が存在し生活している資本主義社会（ブルジョア階級社会）の生きた具体的現実から出発して、変革すべき対象世界の仕組み（階級社会の構造）と変革の主体的条件を明らかにすることである。まさに言葉の真の意味において「ラディカルであること」――「ラディカルであるとは、物事を根底からつかむことである」（マルクス『ヘーゲル法哲学批判序説』）――が求められる。

　マルクスの理論的体系の（とりわけ「資本論」の）思考の方法は、表象された具体的なもの、我々が生きている現実的な問題から出発して、分析によっていくつかの単純なあるいは抽象的・一般的な諸要素や概念を見つけ出し（下向的分析）、今度はそこから再び抽象的な諸規定から出発して、次第により具体的な現実の問題に立ち返る（上向的総合）、ということを探究の方法としている。常に「現実から出発して、再び現実に立ち返る」（佐藤金三郎）ことによって資本主義社会の具体的現実に対する認識を深めていくのである。

　フランスのマルクス哲学研究者であり『フランス社会運動の再生』の著者であるダニエル・ベンサイドは「私たちは、良くても試行錯誤・暗中模索のたどたどしい試みの中にあります。問題は、もっぱら防衛的な言説に陥り、政治・哲学的言説を方向づける戦略的な仮説がないことです。とはいえ、その言説にもメリットはあります。諦めず、抵抗し続け、譲らないこと。そして人民が発する言葉に誠実であることです。」（『世界』06年2月号）と語っている。

　マルクスの原典の権威だけによりかかり、現代に適応し再構成する努力をなおざりにしてはならないのだ。従来の階級論においても、もっぱらマルクスのテキストの解釈（および引用）を対象にしていて、それが注意深く選ばれ、いかにマルクスの記述に忠実であったとしても、具体的現実性に乏しく、時代の変容に対応しきれていない紋切り型の一般的な理解にとどまっている傾向が著しい。それは、マ

第1章　現代社会の階級論

ルクスが洞察して記述した時代の階級状況について軽視するか無視すらしてしまっているからだ。それゆえ、マルクスの時代から一世紀以上も経ち変容した今日の階級構造――たとえばグローバル化した世界経済や産業構造、労働市場、労資関係など――にマルクス主義的な哲学・思考方法を用いて分析することができえていない。

　特にいわゆる「冷戦」時代終焉後の今日、現代世界を覆っているグローバリズムに対して、いかに対抗軸を設定しているか、左翼運動の現状を見れば、その限界性、立ち遅れは明白であろう。なぜなら人々が生活している現実の政治、経済、社会の仕組み、文化的な様相などのグローバルな今日的変化――世界的規模での歴史的な転換や再編成の進展――に、マルクス主義的な階級的立場から思想的・実践的に対応する必要があるという問題意識――あるいは十分に対応しえていないのではないか、立ち遅れているのではないかという危機意識――が前提的に乏しいからである。

　グローバリズムは、歴史的にまったく新しいという現象ではないにしろ、「冷戦」終焉後の90年代以降、これまでの「世界経済」の有り様とは比較にならないほどグローバルな規模での超（多）国籍企業（グローバル資本）の展開を飛躍的に高めている。とりわけ、労働市場のグローバル化は、これまでは先進国と後進国との「南北問題」に象徴されてきた「中心と周縁」構造は、国内の労働市場において非正規労働者を拡大する柔軟化（規制緩和）政策によって持ち込まれ、「失業・貧困・排除」を増大させている。まさにグローバリゼーションを推進する新自由主義政策が、規制緩和、民営化、社会保障解体を三位一体として全面化しているのである。ここにグローバリズムが「周縁化された者たちによる新しい反乱」（ポール・キングスノース）をもたらす根拠がある。（註③）

　従来の階級論が、社会的排除の問題や周縁（マージナル）化された存在、人種、民族、性など社会的な差異や分断を、階級支配構造と結び付けられずほとんど関心を示すことなく、もっぱら賃労働と資本の基本的階級関係を経済還元論的に分析する傾向にあったことは

事実である。その結果、「社会的排除」の観点から失業や貧困による不平等の問題にアプローチすることが軽視ないし無視されてきた。

　マルクスの文献の古典的教科書風・訓話学的な理解や常識的な誤解に囚われていたり、欧米など外国文献の輸入にエネルギーを使い果たし、「生きた現実」から出発して理論を再構成する努力を怠ってきたためでもある。社会的に周縁（マージナル）化された人々は労働運動の多数派からも周縁化され切り捨てられた。多数派は、多様な問題に対応できなくなり、せいぜい副次的二義的な問題として扱うことによって、多数派であるがゆえの「多様性」を自ら衰退させた。この紛れもない思想的「怠慢」は日本の新旧左翼が抱える問題の一例にすぎない。自らの「立ち遅れ」を自覚できないから、なぜ日本の左翼は「社会的排除」を問題にしない（できない）のか、という批判にも応えられないのだ。

　労働者は、プロレタリアとして——すなわち搾取され抑圧され虐げられた被支配階級として「持たざる者」として——団結する（階級形成する）ためには自分たちをバラバラに引き裂き競争させ団結を困難にしている様々な階級的分断、階級的な不公正・不平等や経済的格差（貧困）、社会的排除などを乗り越えるために「意識的に行動することを学ばなければならない」（マルクス）。それを怠ることは階級として死（解体）を意味する。労働者階級内の階層分化（上層と下層との階層間格差）の現状を無視し、「狭い利己的なもの」にとどまり「社会運動や政治運動から余りにも遠ざかって」（前同）しまった労働組合が、今日いかに労資協調に堕し衰退してしまっているか。たとえば日本では女性労働者の半数以上が「雇用の安全弁」として非正規労働を余儀なくされ、不安定で常に解雇のリスクを負わされているという意味で「半失業」状態に置かれていることに対して無関心な労働組合であれば、下層に集中する「貧困・失業・排除」の問題と闘えず分断の深刻さも理解しえないのである。

　労働者が負わされている苦しみの度合は一様ではなく、階層間には大きな格差（隔たり）があり、それが深刻な分断を生んでいる。

最も虐げられ社会から排除され周縁（マージナル）化された人々の存在が見えていないか、見て見ぬ振りをして、この現実を不問に付す限り労働者の「統一と団結」は抽象的に（欺瞞的に）しか語れないのだ。

　プロレタリア革命は、その担い手であるプロレタリアが革命的実践によって自己を乗り越えること、すなわち自己変革を前提にした革命なのである。マルクスは1850年9月15日、共産主義者同盟中央委員会の会合で、プロレタリアは「単に体制を変えるだけでなく、自分自身を変え、自らを政治的支配にふさわしい者にするために」長く険しい闘いの歳月（15年、20年、ひょっとすると50年）をくぐらねばならないであろうと述べた。

（註）
① 「資本に対する闘争の諸事件と成行きが、闘争の勝利だけでなく、むしろその敗北が、闘う人々に、彼らの従来の万能薬が不十分なことをはっきり分からせ、労働者の解放の真の条件の根本的な理解を受け入れるように、彼らの頭を変えずにはおかないであろう、と彼（マルクス）は考えた。」（エンゲルス「共産党宣言・1890年ドイツ語第4版序文」）

　「社会の階級構造にたいするマルクス主義者の分析が急激な変化の過程についてゆけなくなるにつれて、資本主義的生産様式批判という本来はマルクス主義のもっとも鋭利な武器であったものが、その切っ先をしだいに鈍らせていった。マルクス主義は、『工業プロレタリアート』と定義される部分にだけ妥当するにすぎないこと、そして規模においても社会的重要性においても、工業プロレタリアートが相対的に減少するにつれて、マルクス主義は、少なくともこの点では、『時代遅れ』になっているということ、このような主張がいまや常識となっている。こうした後退を正さなかったために、マルクス主義は、その本来は最強であった部分で、脆弱の極に達した。」（ブレイヴァマン『労働と独占資本』岩波書店・序論13頁、1978年）

② 「わたくしが提案しつつある分析は、それゆえ原典のもつ権威だけによりかかるわけにはいかない。マルクスは一方では経済的水準の第一義性を主張し、他方でははっきりとイデオロギー的・政治的諸関係

の見地から諸階級を位置づけているのであるが、そこには、たとえ矛盾ではないにしろ、基本的な両義性が存在するのは明らかである。」(アラン・ハント『階級と階級構造』法律文化社、1979年)

「労働者階級の確定とは、それゆえ、どの経済的基準を選択すべきかをめぐる論争の問題ではない。すなわち、階級的境界のぎりぎりの決定因は『生産的労働』なのかそれとも『賃労働』なのかと争うことに、それを還元することはできないのである。……労働者階級を規定して賃金労働者であり、かつ生産手段の非所有者である人びとのことだとする把握は、労働者階級の可能的、または潜在的な境界を与えているのである、と論じることができる。商業労働者であれ国家の被雇用者であれ、およそ個々の部類の労働者が労働者階級の一部を形成しているか否かということは、経済的水準のみで決定されない。」(前同)

③ 「ポスト冷戦期の民主化、グローバル化、そして情報革命を経た韓国では、中心と周縁の問題は新たな次元で定義されなければならない。民主化は、分断体制のもとで周縁化された人びとの復権を果たす過程でもあった。……グローバル化やこれに対応する新自由主義的な経済政策がホームレスや外国人労働者に象徴される新たな周縁的存在を生み出している。」(文京洙・立命館大教授『韓国現代史』岩波新書)

第2章　マルクス階級論の再構成

（1）伝統的階級論の経済還元主義

　なぜ、民衆は搾取・抑圧・支配・隷属・貧困に苦しまねばならないのか。その根因である階級対立関係・階級支配の廃絶と自己の解放を求める虐げられた民衆は、いかに生き、どう闘うべきか。この疑問に答えるヒントを、我々はマルクスの階級論に、とりわけ「革命主体としての団結（階級形成）」に対するアプローチを示している「プロレタリア」概念に見つけることができる。（註④）

　ところが、マルクス主義階級論は、今日、マルクス主義（およびそれに対する理解）と同様に、時代遅れの経済還元論に呪縛され理論的に混迷しているか、または現実の階級関係や階級構造の歴史的な変容——とりわけグローバリズムによる階級関係や労働市場の再編——に対応できず思考停止に陥ってしまっている。階級闘争と階級形成の展望を示すどころか、まったくつまらないものになっているというのが伝統的な階級論の実情である。あるいは多くのマルクス主義者は、階級論に対して、従来のような関心を失っているか、根本から「問い直し」、「再構成」する必要に迫られていることを理解しなかったり軽視していると言える。

　従来、マルクス主義階級論の多くは、「二大階級への両極化論」「絶対的窮乏化論」といった定式化を自明視し金科玉条とする経済還元論に呪縛され、生産力と生産関係の矛盾、すなわち経済的「土台」（経済危機）からあまりにも直接かつ無媒介に革命を展望したり、一方でペシミストであったプルードンを批判して大工業と世界市場の「文明史的役割」を説く（『ドイツ・イデオロギー』や『党宣言』）といった限界を露呈してきた。このようなドグマチック（教条的）な理解の仕方は、伝統的正統派的な（あるいはもっとスターリン主義的な）

マルクス主義者だけではなく、マルクス主義の反対論者も同様にこれをマルクスの階級論を代表するものとみなし批判してきた。だが、これに対してマルクス主義の陣営は、説得力のある反論を提出しえず、マルクス主義階級論自体の革命論上の有効性と信頼性を次第に失わせていくことになった。

　従来の伝統的階級論は、マルクスの原典解釈にとどまり「偏狭で排他的な宗教に近いところがあった」(高増明)り、「マルクスの分析をなぞり、それによって自説を権威づけるといった域を出ていないように思われる」(濱嶋朗)という批判を浴びてきた。また「そもそも階級とは、経済的な規定でしかないという思い込み」(渡辺雅男)や誤解が根強くあり、労働者階級の概念規定を経済的に厳密化しようとするほどプロレタリア概念が軽視されてしまうという一見いかにも二律背反な皮肉な結果をもたらしてきた。

　もちろんマルクス主義階級論が危機に瀕している理由はそれだけではない。労働者階級内部の「階層分化」——上層・中間層・下層への分極化——の広がりが、他の諸要因（民族や人種、性等）と相まって労働者の間の「競争」——マルクスは団結を阻害するものとしてあげている——と「分断」を深刻なものにし政治的階級形成を困難にしている。そういう現実があるにもかかわらず、現代の階級論（階級形成論）にとって最も関心を払うべき中心テーマの一つであるこの労働者階級内部の「階層分化」を分析するということがネグレクトされてきたのである。マルクスの権威によりかかり、その理論を現代にどう適応・再構成し発展させうるか、という問題意識がなおざりにされ思想的なモラトリアムに陥ってきた結果である。

　だがマルクス自身、１８４８年革命の挫折・敗北から苦い教訓を学びながら、「一からやり直して、新しい資料を批判的に精読する気になった」と述べているように、経済還元論的弱さを抱えていた階級論（階級概念）の克服に努めていったのである。こうしたマルクスの思想的態度から我々が学ばなければならないのは、当たり前だと思っていた価値観や常識に疑問を呈し——あるいは仲間うちで

しか理解されないような非論理的・非現実的なパラダイムを問い直し——現実に対応して再構成するという批判的精神であろう。

　旧ソ連・東欧の「疑似社会主義（スターリン主義）体制」が崩壊し、伝統的正統派的マルクス主義階級論の影響が著しく後退している今こそ、グローバリズムとの対抗軸を鮮明にした階級論を現代において再生することが、時代の要請として求められているのである。社会変革の主体の自己形成（階級形成）に資する理論として、経済的な理論を基礎にしつつも、そこに還元されない独自の論理と概念を構成するところに階級論の存在意義がある。それゆえ、マルクス主義階級論の再生にとって、手あかにまみれ時代遅れになった（現実に適応しなくなった）マルクス解釈——これはマルクス自身よりもマルクスを教条化してきたマルクス主義者たちの責任に属する問題である——を拒否し、プロレタリア概念を現代のグローバリズムに反抗する変革主体として再構成することが決定的に重要になっているのである。

　経済的還元主義を批判して、アラン・ハントは次のように述べている。

　「還元主義の誤りは、政治的ないし社会的諸事象を分析するさい、これらを経済的諸発展の分析から『読みとる』ことができるという結論に達する点にあるのだが、このことはまた、資本主義の経済的発展を分析しさえすれば、その現代的形態のもとでの一切の社会的・政治的現象を説明することができるという意味を含んでいる。」「過度に単純化した機械的なマルクス解釈に挑戦するに際して、現代のマルクス主義は、自明のこととみなされてきた諸概念と諸理論の多くを疑問に付し、マルクス主義理論の基礎そのものをも再検討する必要に迫られた。」（アラン・ハント『階級と階級構造』法律文化社・序文4頁）

　「西ヨーロッパ、とくにイギリスにおいては、労働者階級の本性は広く自明のことのように思われてきた。つまりそれは工場労働者と同義であると理解されてきたのである。そのうえマルクス主義者

たちは、長期間、階級の概念そのものへの攻撃に対して守勢にまわっていた。マルクス主義の階級理論の土台を直接・間接に掘り崩す一連の見解に反対し、階級概念の適合性と妥当性を一般的な言い方で強調するというのが、彼らの応戦ぶりであった。陣容をこのように整えた結果、マルクス主義の階級理論の内部で論点なり問題なりを考察するための余地とか余裕とかはほとんどなかった。そのような理論的検討の不在がもたらした影響は、理論の中にも政治的実践の中にも見出される。」(同１１８頁)

また濱嶋朗は『現代社会と階級』(東大出版会)で階級分析の課題についてこう論じている。

「とりわけマルクス主義の場合、その思想や運動において占める『階級』の意義が決定的に重要であっただけに、階級の発展方向や存在形態における予想をはるかに超えた事態の進展は、それに対応できない既成の教義体系や政治戦略に深刻なショックを与え、時代遅れの形骸化した思想と理論、それにもとづく運動と実践のあり方を根本から見直すことを余儀なくさせた。」(１０７頁)

「労働者階級の内外における多様な階層分化を無視して、基底還元的に雑多な階層の基本階級への帰属を強行する単純分極化説は、……階級間の境界線がぼやけている今日、もはや現状に適合せず、分析能力と説得力を失ってしまった」(１５１頁)

(２) グローバリズムと格差・階層分化

フランスでは、この06年４月３００万人を超える労働者や学生が街頭での抗議行動に立ち上がり、政府の新雇用策を撤回させた。この闘いの中で、「プレカリテを許すな」というスローガンが叫ばれたと言う。「プレカリアート」は「不安定なプロレタリア」という意味を含意した新しい造語である。グローバリズムと新自由主義政策による労働市場の再編(規制緩和・柔軟化政策)が、常に解雇(失業)のリスクを背負わされた不安定で非正規の就労(雇用)を拡大するものだ、とその狙いを的確に表現した用語と言える。

ドイツでは、産別の労働組合が、企業別ではない産業部門全体の団体交渉によって、大企業労働者の賃金や労働条件などの「特権」（既得権）が、下請け企業における低賃金と雇用の不安定という「犠牲」の上に成り立つような「分断」の構造を減らすことに、まがりなりにも努めてきた。

　アメリカでは、企業の「内部労働市場」の分析として、恵まれた（中心的）労働者を「第1次労働市場」に、概して人種的少数派（マイノリティー）の移民や女性が就労している低賃金で不安定な非正規の下層労働者からなる「第2次労働市場」に分けて対比し、労働者階級内部の「階層分化」（上層、中間層、下層の階層的分解）の実態に注目してきた。

　韓国でも97年の通貨危機によってIMF（国際通貨基金）が金融や労働市場の「規制緩和」を推進した結果、非正規労働者の割合が6割に達し、貧困層が4・9％から10・9％に倍増し貧富の差を広げている。

　このような労働市場のグローバル化戦略（規制緩和・柔軟化・流動化政策）の特徴は、第①に、グローバルな規模で国境の内と外で低賃金（底辺）労働力を確保し国際競争力を上げるという経済的目的から、一方で、より低賃金で労働者を搾取できる海外（周縁の後進国）に生産拠点（工場）を移す、他方で国内（中心の先進国）では失業者の増大が「雇用不安」を生み「社会不安」に波及することを防ぐために「半失業」状態を余儀なくされる非正規の不安定な就労（パート・派遣・臨時・日雇など）を拡大することによって、目に見える失業率を減らし「雇用の調整弁」を確保することである。

　第②には、労働者の社会的・政治的権利を弱体化し労資関係の「安定」を確保するという政治的目的から労働者の階層間の格差を拡大することによって——賃金労働者と失業者、正規と非正規、上層と中間層・下層、という形で利害を対立させ——労働者を（労働組合の影響下で）団結できぬように競争させ分断することにある。過酷な働き方を強いられる正規職か、不安定で解雇（失業）のリスク

に常にさらされ生活さえままならない非正規職か、という両極端な選択を労働者に迫ることを通して、互いに競争させ対立させ分断を広げようとする。

　こうして「豊かな先進国」において、貧富の経済的格差だけではなく「社会的権利」における不当性・排除を含意した「不平等」の拡大が、世界的な現象になっているのである。しかもこの「不平等」の拡大は、グローバリズムが「競争と排除」をセットにしていることを物語っている。グローバリズムの「競争原理」というのは、「勤労意欲」を目安に人々をふるいにかけ「賃金労働者」として包摂しえない人々を搾取の対象からさえ排除し、社会の底辺に周縁（マージナル）化し虐げるという仕組みである。その結果、「人の命」に軽重や優劣がつけられ、人間の尊厳や生存権そのものが根本から脅かされる、「公正」概念が後退し「不平等」を自明視する、そんな「いびつ」で理不尽な「競争社会」が現出するのである。8年連続で自殺者が年間3万人を超えていること自体、日本がいかに「いびつ」な競争社会であるかを端的に示している。

　不平等の拡大のもう一方の要因は、労働組合運動の政治的影響力（抵抗と団結力）の後退にある。労働運動の闘争力の低下と不平等の拡大の度合とは、逆相関関係にあると言える。「競争と排除」をセットにして不平等を拡大するグローバリズムに対抗して、労働運動の再生を考える場合、その際に留意すべきなのは、労働者階級内の広汎な階層分化が、「ヒエラルキー的な上下関係」や利害の対立を生み出し分断を深刻なものにしているという現実を無視してはならないということである。

　旧来の伝統的な階級論においては、抽象的に「両極化」「窮乏化」を解説するだけで、労働者階級内の階層分化――監督・管理や専門・技術分野の上層と事務・公務などの中間層と非正規・不安定就労者や失業者などの底辺・下層――の具体的分析は、副次的な問題として矮小化され、階級論の中心課題とされてこなかったために、グローバリズムの時代の変化を深くつかみ取ることができず、階級

関係や階級構造の変容に対応して労働者の政治的階級形成の戦略を明らかにすることもできえなかった。

　失業者あるいは半失業状態を余儀なくされた非正規の不安定な労働者が増大しているという事実は、「貧困と社会的排除」が社会の少数者（マイノリティー）に局限された「周縁（マージナル）」の問題にとどまらず、現代の階級支配と搾取構造にとって――したがってグローバリズム時代の現代の階級論にとって――むしろ基本的・中心的なことがらである、とみなさなければならないのである。

(註)

④　『ドイツ・イデオロギー』
　「人間たちはこれまで自分自身に関して、常に間違った表象を抱いてきた。〈こうである、ああであると、彼らは思い描き〉自分たちが何であるのか、また何であるべきなのか、と。」
（マルクス、エンゲルス著『ドイツ・イデオロギー』廣松渉訳・小林昌人補訳、岩波文庫13頁）
　「諸個人がいかにして自分の生を発現するか、それが、彼らの存在の在り方である。彼らが何であるかということは、それゆえ、彼らの生産と合致する。すなわち、彼らが何を生産するか、ならびにまた、彼らがいかに生産するかということと合致する。それゆえ、諸個人が何であるかということは、彼らの生産の物質的諸条件に依存する。」
（同27頁）
　「我々が出発点とする諸前提は、何ら恣意的なものではなく、ドグマでもなく、仮構の中でしか無視できないような現実的諸前提である。それは現実的な諸個人であり、彼らの営為であり、そして、彼らの眼前にすでに見出され、また彼ら自身の営為によって創出された、物質的な生活諸条件である。」（同25頁）
　「共産主義者にとっては、現存する世界を革命的に変革すること、眼前に見出される事物を実践的に攻略し変革することこそが問題である。」（同43頁）
　「共産主義というのは、僕らにとって、創出されるべき一つの状態、それに則って現実が正されるべき一つの理想ではない。僕らが共産主義と呼ぶのは、〈実践的な〉現在の状態を止揚する現実的な運動だ。〈僕らは単に次のことを記述するだけにしなければならない〉この運

動の諸条件は〈眼前の現実そのものに従って判定されるべき〉今日現存する前提から生じる。」(同71頁)

「そしてもし、この全体的な転覆の物質的な諸契機が、すなわち一方では既存の生産諸力が、他方では革命的な大衆の形成が——旧来の社会の個々の条件に対してだけでなく、旧来の『生の生産』そのものに対して、つまり社会の基礎になっているこの『総体的活動』に対して革命を起こす大衆の形成が——既存のものとなっていない場合には、たとえこの転覆の理念がすでに何百回となく述べ立てられたとしても、それは実践的発展にとってまったく関わりがない。——共産主義の歴史がそのことを証明しているように。」(同89頁)

「革命的な思想がある一定の時代に現存するということは、ある革命的な階級がすでに現存しているということを前提としている。」(同113頁)

「生産諸力の発展中に、現存する諸関係の下では害悪しか惹き起こらないような、もはや生産力ではなく破壊力であるような(機械装置と貨幣)、そういう生産力と交通手段が呼び出される一段階が現われる。——そしてこのことと関連して、社会の利益は享受することなく、社会のあらゆる重荷を背負わざるをえないような、社会から押し出され、他の一切の諸階級との決定的な対立を強いられているような、そういう一階級が呼び出される。この階級は、全社会成員中の多数者を形成し、この階級から根底的な革命の必然性の意識、共産主義的な意識が出てくる。共産主義的意識は、もちろん、この階級の地位を直視することによって、他の諸階級の間にも形成されうる。

一定の生産諸力は諸条件の範囲内で利用可能となるが、この諸条件はまた、社会の特定の一階級の支配の諸条件である。この階級の社会的な、彼らの占有から生起する威力は、そのつどの国家形態の内にその実践的観念論的な表現をもつ。そして、それゆえにどの革命的闘争も、それまで支配してきた一階級に立ち向かう。

従来のどの革命においても、活動の様式は手付かずのまま残され、ただこの活動の別様の割り振り、つまり別の諸人格への労働の新たな配分だけが問題にされた。これに対して、共産主義革命は従来の活動の常識に立ち向かい……そして、あらゆる階級の支配を、階級そのものとともに止揚する。なぜなら、共産主義革命は、社会の中でもはや階級とはみなされず、階級としては承認されていない、今日の社会の領域内ですでに階級や国民性等々の一切の解消を体現している、そういう階級によって遂行されるからである。

そして、この共産主義的意識の大衆的規模での創出のためにも事柄そのものの完遂のためにも、大衆的規模での人間変革が必要である。大衆的規模での人間変革は実践運動のさなかでのみ、革命においてのみ、進捗しうる。それゆえ、革命は、他の仕方では支配階級が打倒されえないという理由で必要なだけでなく、打倒する側の階級が革命のさなかでのみ、旧い残渣をわが身から一掃して、社会の新たな礎石を築く能力をもてるようになる、という理由からしても必要なのである。」（同81頁〜84頁）

　「個々の個人が一階級を形成するのは、他の一階級に対して彼らが共通の闘争を遂行せざるを得ない、その限りにおいてでしかなく、それ以外の場合には、競争の中で再び彼ら自身互いに敵同士となって対立しあう。」（同173頁）

　「一定の階級の下への諸個人のこうした服属は、支配階級に立ち向かうにあたって特殊な階級利害を貫くことなどもはや必要としない一階級が形成を遂げるまでは、廃止され得ない。」（同174頁）

第3章　現代のプロレタリア

（1）プロレタリア概念の再生か解体か

　もともと「最下層の人」を意味する古いラテン語を語源とした「プロレタリア」という言葉に新しい時代の息を吹き込み、革命の担い手に希望を与えたのは、マルクスであった。マルクスの「プロレタリア」概念は、旧来の階級概念のパラダイム（概念的枠組み）を転換して革命理念にオリジナリティー（新機軸）を打ち立てた。共産主義革命の実践主体・革命的変革主体であるこのプロレタリア概念は多義的・包括的であって、しかもマルクスらしいパラダキシカル（逆説的）な概念なのである。

　「プロレタリア解放」を根本思想とするマルクス主義において「プロレタリア」という階級概念は、①経済的には、ブルジョア（資本家）階級の対極にあって生産手段を所有しない搾取される「賃労働者階級」であり一般的には「労働者」のことである。②政治的には、ブルジョアに支配され隷属させられる「被支配・被抑圧階級」である。③社会的には、貧困と抑圧に苦しむ「現代社会の最下層」（『共産党宣言』）をなし「持てる者」（ブルジョア）の対極に存在する「持たざる者」、「無産者」の代名詞でもあり、虐げられた民衆の総称である。そして、④革命論的・イデオロギー的には、「社会のあらゆる重荷を背負わざるをえないような、社会から押し出され、他の一切の諸階級との決定的な対立を強いられているような、そういう一階級」（『ドイツ・イデオロギー』）であるがゆえに、「従来の活動の常識に立ち向かい……そして、あらゆる階級の支配を、階級そのものとともに止揚する」（前同）ことが、搾取と抑圧から自己を解放する条件であり、階級のない「新たな社会の創造」（『哲学の貧困』）を歴史的使命とする「革命的階級」なのである。

したがって、「プロレタリア」とは、「支配階級に立ち向かい」旧社会を転覆する「革命的な大衆の形成」（『ドイツ・イデオロギー』）、すなわち「世界を革命的に変革する主体としての階級形成」を目的にした階級概念であって、言い換えると「革命的な思想」を実践的に発展させる「物質的な契機」（前同）が現存しているということを明らかにするためのマルクスのイデオロギー（マルクス主義）的革命論的な概念である。それゆえ、プロレタリアが労働者と同義語であるとみなされてはいても、経済的な規定で厳密化しようとしてプロレタリア概念を労働者規定に一括りにして解消し一義化・矮小化してしまうことは、この概念の多義性——政治的・社会的・イデオロギー的なパラダイム——を解体し消滅させかねないのである。実際に正統派的・伝統的なマルクス主義者は、プロレタリアを経済還元論的な規定でしか捉えられず（そもそも経済的・一義的な労働者規定でしかないと思い込み）、事実上、その階級論はプロレタリア概念を——したがってマルクス主義革命論の根本思想を——衰退あるいは葬り去る役割を果してきたと言わざるをえない。我々が、これまで当たり前だと錯覚してきた経済還元主義的なパラダイムを根本から転換しマルクスのプロレタリア概念そのものの再創造がぜひとも必要だ、と訴える所以はここにある。共産主義革命の理念を象徴する「プロレタリア」という言葉がかつて放っていたラディカル（根底的）でインターナショナル（国際的）な輝きをもう一度取り戻さなくてはならないのである。（註⑤）

（2）　プロレタリアの逆説的な原意

　何故、マルクスは、分かりやすく単に「労働者」と言わずに「プロレタリア」——語源は古いラテン語で「最下層の人」を意味するプロレタリウス（プロレタリィ）——という19世紀前半当時のドイツでは蔑みと敵意を込めて「反社会的な危険分子」と同義的に使われ「貧民」の代名詞であったこの言葉をあえて用いたのであろうか。
　「当時の大衆的貧困をもっともきびしく一身に負っていたのは、

第3章 現代のプロレタリア

働くに職なく住むに家のない他国者……社会の底辺に沈んだ人びと、それも少くともこの時期にあっては流民化し、棄民化した人びと、属すべき地域社会をもたない故郷なき人びと」(良知力『1848年の社会史』影書房)であり、「勤労意欲をもち誠実な態度で暮らす人々は、たとえ貧しくとも『プロレタリア』とはいえなかった。『プロレタリア』とは、まともな教育もうけられず、まじめに働こうとする意志をもたない自堕落な人間」(藤田幸一郎『マルクス・カテゴリー事典』青木書店、470頁「プロレタリアート」)として当時の市民層には受け止められていたのである。マルクスは「社会のあらゆる重荷を背負わざるをえないような、社会から押し出され」(『ドイツ・イデオロギー』前出)――まさに市民社会から排除され――、「現代社会の最下層」(『共産党宣言』)をなしていた「貧民」「飢えたる者」「無産者」「持たざる者」の総称であった――むしろ賤民視・危険視されていた――「プロレタリア」というエキサイティングな用語に、いったい如何なる逆説的(パラダキシカル)なメッセージを込めたのであろうか。まさに、このような「プロレタリア」の原意あるいは19世紀の原像にこそマルクスは、旧社会・資本主義社会を覆す革命的階級たりうる主体を形成する契機を見い出したのではないか。ここにマルクスの共産主義者としての思想的なオリジナリティーとパラドックスが体現されている。

「プロレタリア」という19世紀当時の欧州では賤民視する色合いが濃く「貧民」の代名詞であったこの言葉を、マルクスはあえて用いることによって、資本主義市民社会から蔑まれ虐げられていたプロレタリアこそ「新たな社会を創造する革命的階級」「変革主体」たりうること、ブルジョア階級は自分自身の「墓掘り人」「自らに死をもたらす武器を取るであろう人々」であるプロレタリアを創り出し共産主義革命の「物質的な契機」が現存していることを、極めてラディカル(根底的)にパラダキシカル(逆説的)に訴えたのである。

このような「プロレタリア」概念に込められたマルクスの革命理

念・階級的立場は、プロレタリアを経済還元主義的に概念化して労働者規定に一義化してきた正統派的・伝統的な解釈によって著しく歪められてきた。そもそも多義的・包括的な概念であったプロレタリア概念は、スターリン主義（生産力主義）の歪みによっておそろしく一義的・経済還元主義的に単純化されてしまった。

スターリン主義的・経済還元主義的な思想は、階級概念に深刻な影響をもたらしただけではなく、プロレタリア概念そのものレゾンデートル（存在意義）を解体・消滅させかねないものであった。正統派的・経済還元主義的な階級概念においては、労働者規定に一義化することによって、もはやプロレタリアなる概念は必要とされなくなったのである。

「貧民」や「持たざる者」の総称であった「プロレタリア」を蔑み賤民視していたブルジョア的階級概念や市民社会的価値観に基づいた「労働倫理」（勤労意欲）――「働かざる者は食うべからず」に典型的であり「労働貧民」と「怠惰な貧民」に選別・分断するイデオロギー装置――に対する批判や抵抗力を失い、「労働者自身の間の競争によって」（『共産党宣言』）労働者は絶えず孤立化・分断されその階級形成は破壊されてきた。（註⑥）

マルクスが階級概念の旧いパラダイムを根底から転換し、「プロレタリア」という新機軸を打ち立てたように、我々は、「プロレタリア」概念を、搾取され抑圧された労働者であり、「現代社会の最下層」をなす「持たざる者」、虐げられた民衆の総称として――マルクス主義階級論・革命理念の原点に立ち返ることによって――「再創造」すること、とりわけ「プロレタリア」概念の多義的・包括的な要素（エレメント）を「再構成」することが、今日ぜひとも必要なのである。

グローバリズムによる労働市場の再編成と階層分化が進む今日、常に「解雇」（労働市場生産過程からの排除）の危機にさらされながら、つまり「半失業」状態を余儀なくされた非正規の不安定就労者の増大によって、「失業と就労」との間のボーダーレス化――これを資

本の側は「柔軟化」とか「流動化」と呼ぶ——がもたらされ、均質な労働者階級として一括りにすることがますますできなくなっている。労働者階級内部での上層と下層との「階層分化」の進行が「分断」を深刻化し階級形成（団結）を一層困難にしている現状に対応することができなければ、グローバリズムと闘う対抗軸を打ち立てられないからである。また、労働者階級を経済還元主義的・生産力主義的に概念化することによって「プロレタリア」概念の革命論的・イデオロギー的性格を解体してきたスターリン主義や正統派マルクス主義の歪んだ階級論と訣別し、それとの相違を明瞭に示す必要があるからである。

　資本主義は経済的に人々を富める者と貧しい者とに両極化し、貧しい者はより窮乏化して階級的に同質化し団結する条件が生まれると捉えたのがマルクスだった。たしかに近代の資本主義化の流れは、そのようなものであったと言える。だが現代は、貧しい労働者が階級的に同質・均質になると単純化することはできない。むしろ同じ階級内での階層的な分化・多元化を捉えることが必要である。

　経済的（所得）格差についての欧米での長期データによると、所得格差は、19世紀には拡大し、20世紀に入って熟練と非熟練労働者との賃金格差は縮小傾向にあったが、1970年代以降、徐々に反転し、80年代以降には、「中間層の崩壊」といわれる二極（上層と下層との）分化現象が生じた。背景には先進国における経済のグローバル化と失業の増大があり、それが貧富の差を拡大しているのである。

　労働者階級が、豊かな上層と貧しい底辺・下層とに階層的に分化し多元化している現状が、「階級形成」に大きな困難をもたらしているのである。その目の前の困難に対応して「連帯」を築くためにも、プロレタリア概念の再創造が問われているのである。

　マルクスは1872年9月8日にインターナショナル・ハーグ大会において次のような演説を行った。

　「全世界の労働者の間でインターナショナルの基本原理——連帯——この生命力に満ちた原理を強固な基礎の上に確立した時、我々

は、我々の目指す偉大な目標に到達することができるであろう。革命は連帯の上に築かれなければならない。」

（3） 労働者の階層分化と階級形成の課題

　変革主体の形成を探究するには、階級論を再創造することが不可欠である。そのためには、労働者の意識分化や脱イデオロギー化の背景にある労働者階級内部の「階層分化」を解明することが緊要な課題だ。それゆえ、経済還元主義に呪縛された古い常識やパラダイムから脱却することなしにこの課題に応答することはできないのである。(註⑦)

　階級が存在し階級対立がある限り、資本主義社会の矛盾やひずみ、不公正を止揚し変革する行為は、「持てる者」と「持たざる者」とのブルジョアジーとプロレタリアートとの階級的に対立するいずれの（階級の）側に立つのか、つまり行為者自身の階級的立場を否応なしにふるいにかけるのである。

　『共産党宣言』ではプルードンのペシミズムを批判して対極的に大工業と世界市場の文明史的役割を説く「単線的進歩史観」によるオプチミズムの色合いの濃い革命論を展開したマルクスだったが、『資本論』では、資本制生産様式が「民衆を賃金労働者に、すなわち働く貧しい人びとに変容させ」その一部をたえず「失業者ないし半就業者」に変え、それを不断に形成し再形成している中で、「働く貧しい人びと（労働貧民）」を虐げている現実を「貧困、労働苦、奴隷状態、無知、退廃の蓄積」といった表現で批判した。為政者はもとより労働者の側も、この実態を本質的につかんでいないか、深刻さを真に理解していないと考えたからだ。

　マルクスの思想に込められたオリジナリティーとパラドックスを理解せずに、その文献を忠実に解釈していさえすればどんな時代にも通用するという「通行手形」のように考えてはならない。マルクスの思想・理論を現実に適応することができなかったのは、マルクス自身よりも、経済還元論的常識や固定観念に囚われてそれを当た

り前だと勘違いし教条化してきたマルクス主義者の責任に属する問題なのであって、不断の自己変革なくしては変質は免れ得ないのだ。

　労働市場（賃金労働・就労構造）から排除された「失業者ないし半就業者」を、ステレオタイプ化した狭いカテゴリー（例えば「工場労働者」）によって、プロレタリア概念から恣意的に除外し、働かない（つまり労働者ではない）「ルンペン（浮浪者）」と蔑み賤民視することが、市民社会的な「勤労倫理」にいかに呪縛されブルジョア的価値観から自由ではないかを示している。本来、「最下層の貧しい人びと」を意味するプロレタリア概念が、教条的なマルクス主義者によって軽視あるいは否定されるという皮肉な結果をもたらしている。それゆえ、伝統的経済還元論的な階級論から脱却しプロレタリア概念を再創造しない限り、労働者階級内部において階層的な分化・多元化が、グローバリゼーションの下でより一層広範に進行している現状に対応することができないだけではなく、さえぎる分断の壁を乗り越えて労働者の階級的団結（階級形成）を実現することはできないのである。なぜなら階層分化によって労働者の間に「ヒエラルキー的な上下関係」が生み出され、それが分断を深刻なものにしているからだ。いまプロレタリアのインターナショナリズム（国際主義）に基づいた連帯、階級形成に求められている「広さ」と「深さ」という課題は、実践的には「もっと国境を越えて」「もっと下層へ」シフトすることなのである。

　マルクスが新しい息を吹き込んだ「プロレタリア」という革命的階級概念が、1世紀以上にわたる長い困難な闘いの道程を旅して、虐げられた労働者民衆の魂を揺さぶり革命への希望と情熱を宿してきたのは何故か。また同時にマルクス主義を標榜してきた者たちが「プロレタリア」という言葉がかつて放っていた輝きをどうして失わせてしまったのか。

　虐げられ蔑まれていたプロレタリアこそが世界を変えられるのだという、このマルクスの逆説的（パラダキシカル）なメッセージに込められた眼目は、何よりも人々の古い価値観を覆し現実を見る目

第3章　現代のプロレタリア

線を根底から変えることにあった。そして革命は、一握りの名望家によってではなく、社会成員の多数者であるプロレタリアによってこそ成し遂げられること、プロレタリアの連帯に全ての人々の解放を目指す共産主義革命の「物質的（実在的）契機」があることを鮮明にする目的があった。

　プロレタリアは、「社会の利益を享受することなく、社会のあらゆる重荷を背負わざるをえないような、社会から押し出され」（『ドイツ・イデオロギー』）「社会の最下層」（『共産党宣言』）に虐げられた存在であるからこそ、自らの解放を目指して「階級のない新たな社会を創造する」共産主義的意識を宿すことができる「革命的階級」なのだ、ということを、マルクスは力強く訴えたのである。

　こうしたマルクスの革命的情熱と批判精神に学ぶのではなく、ただ単に仰ぎ奉りドグマ（教条）化して自らを権威づけたりすることは、「虎の威を借る狐」にも等しいと言わざるを得ない。プロレタリアの怒り・苦しみを知らず現実味の薄い階級理論を振りかざしてきた正統派マルクス主義者やスターリン主義者が、マルクスのプロレタリア概念を経済還元主義的に矮小化し葬り去る役割を果たしてきたのである。

　およそマルクス主義者であろうとするなら、何よりもマルクスのラディカルな反骨精神に学び、新しい時代の変化の兆候、到来を、誰よりもいち早く嗅ぎ取り、その変化への対応を考えることが、とてつもなく困難で重大なことであることを自覚しなければならない。世界を視野に入れて「グローバルなコンテキスト（文脈）」（サスキア・サッセン）で新しい時代を切り拓くビジョンやポリシー、理念や戦略を示し、それを実践によって検証することができなければならない。それゆえ、日本のマルクス主義者は反グローバリズム運動の世界的うねりから、また「階級論の再構成」という時代の要請からも、理論的・実践的に大きく「立ち遅れている」現状を謙虚に認め、自分自身の狭さ、限界を打破し自らが変わらざるを得ないことを学ばなければならないのである。そうすることができなければ、旧体

制を打破し新しい体制・社会を創造する革命の担い手になることはできないであろう。

　闘いの試練に生きるプロレタリアは、背負わされた苦しみをエネルギーに怒りを燃やす。その怒りをモチーフにして共に闘い連帯感と団結心を育む。共に苦しみ、共に怒りを燃やすことによって、闘いの中に生きていること、全世界のプロレタリアと連帯していることを感じ取ることができる。そうすることができさえすれば、「世界は変えられる」、革命への希望と情熱の火を燃やし続けることができるのである。

（註）
⑤　「階級分析は階級をどう考え、どう位置づけるか、より具体的に階級構造ないし階級関係をどのように区分し、諸階級・諸階層のあいだの関係をどのようにとらえるかをその課題としているが、階級をいくつに分けるか、階級間の境界線をどこに引くかという問題は、階級構造……との関連をはなれては考えられないからである。また、階級闘争という実践とかかわって、階級区分はありうべき敵・味方関係を確定し、闘争の方向や方法を見定め、動員と組織化をおこなうという戦略・戦術上の問題の不可欠の前提をなしているからである。

　　こんにち、階級の発展方向と存在形態は、……複雑多様な階級・階層分化により、まことにとらえどころがなくなり……それだけに、階級および階級構造についての理論の再構築がぜひとも必要となっている」（濱嶋朗『現代社会と階級』東大出版会108頁）

　　「階級分析はそもそものはじめから、純粋に学問的な関心に発するというよりも、階級闘争との関連において、革命ないしは体制変革への政治戦略（情勢分析をふくめ）をたてるという実践的な関心と不可分に結びついている。」（同118頁）

　　「こうした階級構造の変化は、資本主義の発展につれて労働者階級はますます増大するばかりでなく、資本と労働とのあいだにはさまれた中間諸層は分解していずれかの基本階級に合流するという両極分解論（ならびに労働者の生活状況はますます悪化するであろうと考える窮乏化論）、この分極化と窮乏化を軸とするプロレタリア化の、したがってまた階級闘争の激化とひいては革命の必然性を予測し主張する伝統的なマルクス主義の教義体系と政治戦略の致命的な欠陥を白日の

もとにさらけ出し、その根本的な見直しを迫るにちがいない……。」
(同145〜6頁)

(⑥) マルクスの階級論、階級概念を学ぶために、学習文献として、『哲学の貧困』と『共産主義者宣言』(一般的には『共産党宣言』)の抜粋を掲載する。『哲学の貧困』は1847年に、『共産党宣言』は1848年に執筆された。

『哲学の貧困』
「被抑圧階級は、諸階級の敵対関係を基礎とするすべての社会の、死活を制する不可欠な条件である。だから、被抑圧階級の解放ということは、必然的に、新たな社会の創造ということを含んでいる。被抑圧階級が自己を解放しうるためには、すでに獲得された生産諸力と現存する社会的諸関係とがもはや共存しえないという段階に到達するということが必要である。あらゆる生産用具のうちで、最大の生産力は、革命的階級そのものである。階級としての革命的諸要素の組織は、旧い社会の胎内に発展しうるすべての生産諸力が、すでに存在することを前提にしている。

このことは、旧い社会の没落の後に、一つの新たな政治権力を集中的表現とするところの、一つの新たな階級支配が、存在するようになる、ということを意味するであろうか？　いや、そうではない。

労働者階級の解放の条件、それは、あらゆる階級の廃止である。……労働者階級は、その発展の過程において、諸階級とその敵対関係を排除するある連合社会をもって、旧い市民社会におき代えるであろう。そして、本来の意味での政治権力はもはや存在しないであろう。なぜなら、まさに政治権力こそ、市民社会における敵対関係の公式の要約だからである。

そうなるまでは、プロレタリアートとブルジョアジーとの間の敵対関係は、階級対階級の闘争であって、この闘争がその最高表現に達する時、それは全面的革命となる。だが、それにしても、諸階級の対立を基礎とする一つの社会が、最後の結末として、血みどろの矛盾に、激烈な白兵戦に帰着する、ということは驚くべきことであろうか？

社会運動は政治運動を拒否する、と言ってはならない。政治運動であって同時に社会運動でないものは、絶対に存在しない。

……社会のあらゆる全般的変革の前夜にあっては、社会科学の最後の言葉は、常に、次の一句に尽きるであろう、——『戦いか、死か。血まみれの戦いか、無か。問題は厳として、こう提起されている。』(ジョルジュ・サンド)」(マルクス『哲学の貧困』)『共産主義者宣言』

(『共産党宣言』)

「ブルジョア階級は、生産用具を、それゆえ生産関係を、それゆえ社会関係の総体を、絶えず革命することなくしては存続し得ない。〈中略〉生産の絶え間ない変革、あらゆる社会制度の止むことのない変動、永遠の不安定と動揺こそ、以前のあらゆる時代から際立ったブルジョア時代の特色である。固定し、錆びついた関係はすべて、それにともなう古式ゆかしい観念や思想とともに消滅する。新たに形成されるものも、固まる暇もなく、古臭いものになってゆく、確固としたもの、永遠のものと思われていたものはことごとく煙と消え、神聖なものはことごとく汚され、人々は、ついには自分の生活と自分たち相互の関係を、なげやりに見ることを余儀なくされる。」

「しかし、ブルジョア階級は、自らに死をもたらす武器を鍛えたばかりではない。彼らはまた、この武器を取るであろう人々をも創り出した——近代労働者、プロレタリアを。

ブルジョア階級が、すなわち資本が発展するにしたがって、同様にプロレタリア階級、すなわち近代的労働者の階級も発展する。〈中略〉自分の身を切り売りしなければならないこうした労働者は、売買される他のすべての品物と同じ一つの商品であり、それゆえ、同様に競争のあらゆる転変に、市場のあらゆる変動に丸ごとさらされている。」

「しかし、工業の発展とともに、プロレタリア階級は数を増すばかりではない。彼らはいっそう大きな集団をなし、その力を増大し、彼らはいよいよ強くその力を自覚するようになる。〈中略〉個々の労働者と個々のブルジョアとの間の争いは、ますます二つの階級間の争いという性格を帯びてくる。同時に、労働者は、ブルジョアに対抗する同盟を結び始める。彼らは、その労賃を維持するために結集する。彼らは、来たるべき反抗に備えて、継続的な組合を結成する。闘いは、ところによって暴動となって爆発する。時に労働者が勝利することがあっても、ほんの一時的なものにすぎない。彼らの闘いの真の成果は、その直接的な勝利ではなく、労働者の団結のさらなる拡大にある。」

「こうしたプロレタリアの階級への、したがってまた政党への組織化は、労働者自身の間の競争によって、絶えず繰り返し破壊される。しかし、それはそのたびにより強力に、より強固に、より優勢になって復活する。」

「これまでの一切の運動は、少数者の運動、もしくは少数者の利益のための運動であった。プロレタリアの運動は、圧倒的な多数者の利益のための、圧倒的な多数者の自立的運動である。現代社会の最下層

をなすプロレタリア階級は、公的社会を構成する諸層、その上部構造全体を吹き飛ばすことなくしては、起き上がることも、立ち上がることもできない。

　ブルジョア階級に対するプロレタリア階級の闘いは、内容ではなく、形式から言えば、さしあたり一国的である。どの国のプロレタリア階級も、当然まず第一に自国のブルジョア階級を倒さねばならない。

　こうして、我々は、プロレタリア階級の発展の最も一般的な諸局面を描きながら、現存社会内の多かれ少なかれ隠された内乱をあとづけ、それが公然たる革命となって爆発し、ブルジョア階級を暴力的に転覆させることによって、プロレタリア階級がその支配を確立する地点にまで到達した。」

　「ブルジョア階級の存在と支配にとって最も本質的な条件は、私人の手中への富の集積、すなわち資本の形成と増殖である。資本の条件は賃金労働である。賃金労働はもっぱら労働者相互の競争にもとづく。ブルジョア階級が漫然と担ってきた工業の進歩は、競争による労働者の孤立化に代えて、結合による労働者の革命的団結を創り出す。〈中略〉彼らは何にもまして、彼ら自身の墓掘り人を生産する。彼らの没落とプロレタリア階級の勝利は、ともに不可避である。」（カール・マルクス『共産主義者宣言』金塚貞文訳、太田出版、「第1章ブルジョアとプロレタリア」）

　「共産主義者は、他のプロレタリア政党から次のことによって区別されるにすぎない。すなわち、一方では、プロレタリアの種々の国民的闘争において、プロレタリア階級全体に共通した、国籍を越えた利害を強調し、貫徹するということによって、他方では、プロレタリア階級とブルジョア階級との闘いの種々の発展段階において、常に運動全体の利益を代表するということによってである。

　それゆえ、共産主義者は、実践的には、あらゆる国の労働者政党の中で、最も断固とした、常に推進的な部分であり、理論的には、プロレタリア階級の他のどんな集団にもまさって、プロレタリア運動の条件、経緯および全般的な結果に対する見通しを持つ。

　共産主義者の当面の目的は、他のすべてのプロレタリア政党と同一である。すなわち、プロレタリアの階級への形成、ブルジョア階級支配の打倒、プロレタリア階級による政治権力の奪取である。」

　「プロレタリア階級が、ブルジョア階級との闘争において、必然的に階級として結合し、革命によって支配階級となり、そして支配階級として暴力的に古い生産関係を廃止する時、プロレタリア階級は、こ

第3章 現代のプロレタリア

の生産関係とともに、階級対立の、階級そのものの存在条件を、だから、階級としての自分自身の支配を廃止する。

　階級および階級対立をともなった古いブルジョア社会に代わって、一人一人の自由な発展が、すべての人の自由な発展のための条件となるような連合体が現れる。」(前同、第2章　プロレタリアと共産主義者)「共産主義者は、労働者階級の直接当面する目的や利益を達成するために闘い、しかし、現在の運動の中にあって、同時に運動の未来を代表する。」

　「共産主義者は、所有の問題を、その形態の発展段階のいかんにかかわらず、運動の基本問題として強調する。

　最後に、共産主義者は、どこにおいても、すべての国の民主主義政党との連携と協調に努力する。

　共産主義者は、自分の見解や意図を隠すことを恥とする。共産主義者は、彼らの目的が、これまでの一切の社会秩序を暴力的に転覆することによってしか達成され得ないことを公然と宣言する。支配階級よ、共産主義革命の前に慄くがいい。プロレタリアには、革命において鉄鎖の他に失うものは何もない。彼らには獲得すべき全世界がある。

　全世界のプロレタリア、団結せよ！」(前同、第4章　種々の反対党に対する共産主義者の立場)

(⑦)　『現代社会と階級』(東大出版会)で濱嶋朗は、労働者階級の内部における階層構成および階層分化について、「不生産的労働者の大量創出によって」肥大化した労働者階級内「新中間層」(ホワイトカラー層)が、管理職や専門・技術職の「上層」と販売や一般事務職の「下層」へと二極分化を一層進行させ、その底辺には膨大な女性職員層が存在していると分析し、「じつはホワイトカラー化という装いをこらしたプロレタリア化が拡大」しつつあると述べている。

　「性差別の構造そのものに立脚し、それを基本的契機として内にふくむ階級的差別の構造が、ホワイトカラー下層の女性化という形で、男子ホワイトカラー内部の分化・分解と相互に浸透しあい重なりあいながら、階層分解全体の方向を不透明にし、おおいかくしている、……いいかえるなら、女子ホワイトカラーがその低い市場能力ゆえにホワイトカラーの底辺層を構成し、そこに沈澱または滞留する傾向が根づよく残存しているという事実は、現代の階級構造にとって『周辺的』なことがらではなく、階級的差別の構造やその再生産にとってむしろ基本的・中心的な意味をもつことがらである、とみなさなければならない。」(207頁)

「ホワイトカラーの内部のみにかぎれば、精神労働は技術的には上級および中級の専門・技術層と下級の事務・販売層（単純反復労働）へと分化し、経済的にもそれに対応する所得グループが分化してゆき、さらに政治的には上・中級管理層と末端監督層および一般職員への階層分化が進行する。〈中略〉精神労働の内部におけるいわば垂直的分化がいっそう進行したと考えてよい。そして、その底辺には流れ作業や監視労働と大差のない反復単調労働と低賃金と抑圧にさらされた厖大な女子職員層が存在し、差別構造の温存を余儀なくさせられる。」（209頁）

「現代社会の階級・階層構造の特色は非ないし脱構造化した、階級・階層間の境界線も定かならぬ『平準化した中間階級社会』または『新中間大衆』の社会である、という理解がこんにち通説的見解としてまかりとおっているようであるけれども、そうした脱構造化、多元的分化、平準化といった複雑な過程をたどるようにみえながら、その過程をつうじて、従来よりも分解基軸が一段階せりあがる形で、じつはホワイトカラー化という装いをこらしたプロレタリア化が拡大・深化しつつある、と考えることができるであろう。」（212頁）

第4章　労働者階級内の階層分化

（1）　階級形成と連帯

　プロレタリアが革命的階級であり得るのは、一切の生産手段を所有しないというまさに「持たざる者」であることによって、もはや他者を階級として支配する手段を持たないがゆえに、「社会の利益は享受することなく、社会のあらゆる重荷を背負わざるをえないような、社会から押し出され、他の一切の諸階級との決定的な対立を強いられているような、そういう一階級」（マルクス、エンゲルス『ドイツ・イデオロギー』廣松渉編訳、岩波文庫）であり、「あらゆる階級の支配を、階級そのものとともに止揚する」（前同）こと、すなわち「階級のない新たな社会を創造すること」を、自らの歴史的使命とし、全ての搾取と抑圧・階級支配をなくすことによって初めて解放される階級であるからに他ならない。したがって、「革命において鉄鎖の他に失うものは何もない」というプロレタリアの「連帯」——インターナショナルの基本原理——、「革命的団結」を「物質的（実在的）契機」（前同）にすることによってのみ、全ての人間の解放を目指す共産主義革命は実現することができるのである。

　こうしたマルクス主義の根本である階級論を再構成するには、何よりも階級論のパラダイムの中心概念である「プロレタリア」概念をその原点に立ち戻って正しく理解し、グローバリズムとの対抗軸が問われる現代のコンテキストにおいて再創造（再構築）することが肝要である。

　階級、しかもプロレタリアを経済還元主義的に概念化してきた旧来の正統派的伝統的な「マルクス主義階級論」は、本来、多義的・包括的な概念であったマルクスのプロレタリア概念を著しく単純化し経済的カテゴリーで一括りにしてきた。経済学者たちが自らの専

門領域・テリトリーである経済的カテゴリーを重視したがるのは、ある意味で仕方がないとはいえ、それを一般化・通説化し——とりわけ賃金労働者の中心を占めるのが工場労働者であるとして——プロレタリア概念の多義性（経済的・政治的・社会的・イデオロギー的な規定）を軽んじるとしたら、経済還元主義的な誤りを招くことになる。その結果、グローバリゼーションの下でより一層進行している労働者階級内部の「階層分化」の現状や「失業者ないし半就業者（不安定な非正規の労働者）」すなわち相対的過剰人口の問題が、いまや階級構造の周縁的要素から主要な構成要素になっている実態を度外視したドグマ（教条）に陥る。

19世紀にマルクスが目の当たりにし「プロレタリア」と名づけた虐げられた下層の民衆とは、貧民や流民、窮民、無産者、持たざる者と呼ばれていた多様な実在であった。そのプロレタリアの階級形成の中核を担うであろうと構想したのが「社会成員の多数者」を占めるようになる労働者、しかも工場制機械工業（大工業）の下で働く工場労働者であった。だからエンゲルスが『共産主義の原理』で「プロレタリア階級とは労働者階級のことである」と言ったのも間違いではない。当時、マルクスやエンゲルスが構想した西欧の先進資本主義国のプロレタリア革命は、工場労働者を中心にした階級形成（団結）の前進によって実現されると考えられていたからだ。こうした先進国革命論における階級形成の政治的・戦略的な位置付けが普遍化されるにしたがって、プロレタリア概念が近代工場労働者と同義のものとしてイメージされるようになった。だが、かつてはそれなりに説得性があったシェーマ「大工業―世界市場―文明と進歩―革命」も、その素朴な楽観主義の妥当性が問われるとともに、マルクスの時代の階級形成の中心に位置付けられていた「労働者」の輪郭も、現代のグローバリゼーションの下での階級構造の大きな変容によって、かつての近代工場労働者モデルの単なる拡大とは相当に異なった様相を呈しているのである。

もし、失業者や労働市場から一時的あるいは永続的に排除された

第4章 労働者階級内の階層分化

人びとを、労働者階級から除外し「現代のプロレタリア」と呼ばないとするなら、マルクス主義者でありながら、「下層の人びと」を原意としたプロレタリア概念から「現代社会の最下層」である失業者やホームレスを排除するという二律背反に陥ることになろう。「時代を越える普遍性」を求める余り、結局、近代工場労働者を、いつの時代にもいかなる政治状況にも通用する階級形成モデルと考えてきた固定観念（伝統的な階級論）に呪縛されざるを得なくなる。だから、かつては階級構造の周縁的な要素と見なされていた失業・相対的過剰人口の問題が、今日においては主要な構成要素となっていることを認識することもできないのである。グローバリゼーションの下で先進国においては、実際、工場労働者よりもサービス業等の労働者の方が多数を占めている。また「失業者ないし半就業者」の増大による労働者階級内の「階層分化」の進展と貧富の格差の拡大が、社会運動と結び付かない「労働組合」への疑問（社会変革の支柱たりえるのかという批判）をより切実なものにし、プロレタリアの政治的階級形成をいかに「再創造」すべきかを突き付けているのである。

マルクスやエンゲルスが革命を展望し闘いに生きた19世紀の西欧においては、もともと古いラテン語で「最下層の貧しい人びと」を意味した「プロレタリア」という言葉は、当時、「社会的危険分子」の代名詞として使われていたのだ。このプロレタリアという言葉をマルクスやエンゲルスがあえて使ったのは、労働者こそ社会成員の多数者を構成しながら「現代社会の最下層」に虐げられている貧民であり、ブルジョア階級社会においては「社会的危険分子」として敵視され蔑まれている「現代のプロレタリア」であるがゆえに、不公正や不平等・貧困に苦しみ、怒りを持った労働者を中心に「革命的階級」として形成することができるのだ、という逆説的（パラドキシカル）なメッセージを込めたからである。「競争や、私的所有や、またすべての階級対立をなくすことによって、解放される」（エンゲルス『共産主義の原理』）革命的階級こそプロレタリアであり、その多

様な実在の中心を労働者が占めるであろうと考えたのである。

（2） 新たな貧困と分断

　かつてマルクスの時代の階級論のシェーマは、中間階級が富める資本家階級と貧しい労働者階級に両極分化し、圧倒的多数を占める労働者階級が窮乏化することによって団結（階級形成）を拡大し革命に立ち上がるというものであった。

　これを現代の階級構造の分析に当てはめることは、マルクスの時代から1世紀以上もの長い間の資本主義および階級構造の変容をまったく度外視することに他ならない。今日、グローバリゼーションの下で進行している貧富の格差の拡大、「二極分化」は、労働者階級内部の膨大な中間層・ホワイトカラー層が、より豊かな上層とより貧しい下層へと「階層分化」している現状を背景にしている。単純にかつての資本家階級と労働者階級へと両極化した階級構造とは異なり、同じ労働者階級でありながら豊かな上層と貧しい下層へと同一階級内において階層的に分極化している構造を捉える必要がある。

　しかも1世紀以上も昔の階級構造において、「産業予備軍」として駆逐されたり吸引されたりする失業者・相対的過剰人口は――『資本論』を構成する主要な理論の一つであった反面――あくまでも周縁的要素と考えられていた。だが今日にあっては、マルクスが提起した「失業者ないし半就業者」の増大は、階級構造および階級形成の主要な要素として考えなくてはならない問題になっているのである。いまや失業問題は「新たな貧困（窮乏）」を生み出している要因として極めて深刻かつ重要な階級的不平等の拡大を象徴するテーマでもある。ところがマルクスが探究し続けた「貧困（窮乏）」問題が、今日、「失業者ないし半就業者（不安定な非正規労働者）」の増大を主要な原因として、労働者階級内の「階層分化」の実相を映し出している、ということをいまだに軽視あるいは無視しているマルクス主義者が実に散見されるのである。それは、「失業者ないし

半就業者」の増大が「新たな貧困」や「社会的排除」を生み出し、労働者階級内の「階層分化」と「分断」をより押し広げている現状の深刻さへの認識が著しく欠けているからであろう。

プロレタリアの「階級形成」の問題は、極めて政治的・戦略的な課題なのである。それゆえ、19世紀の工場労働者を中心に据えた階級形成モデルに囚われ――時代状況、政治情勢の変化に対応できなければ――、グローバリズムに対抗する階級形成を再構築することはできないのである。

今日、世界各国で推し進められている労働市場の規制緩和（雇用の流動化・柔軟化政策とも呼ばれる）の底流には紛れもなくグローバリズムと新自由主義に基づく資本の論理がある。「不況が本格化する95年、日経連（現日本経団連）が『新時代の日本的経営』で、国際競争に勝ち抜くため雇用制度の大幅な見直しを提言。終身雇用は基幹社員に絞り、残りは有期雇用に切り替える経営効率化を打ち出した。政府もこれに応え、派遣法など労働法制を改正する。当初9カ月間、13業務で始まった派遣労働を99年、業種を原則自由化。04年には有期雇用の期間制限が1年から3年になり、製造業への派遣も解禁された。05年までの10年間で正社員は446万人減り、非正社員は590万人増。非正社員の割合は21％から32％に急上昇した。24歳までの若者の非正社員は2人に1人に迫る。失業率は欧州に比べて低いが、不安定な職に就く若者が増えているのが日本の特徴だ。」（4月17日付朝日）

本田由紀氏（教育社会学）は、安倍政権が掲げる「再チャレンジ構想」は、単なる「尻たたき」に過ぎない、と批判し次のように日本社会の現状について述べている。

「自由な競争や効率を至上価値とする今の日本社会、特に企業社会は、すでに多くのきしみを生んでいる。少なからぬ人が安い賃金、不安定な雇用、長い労働時間に耐えながら、生活や生存の展望を確保できない状態にある。」（06年9月28日付朝日）

また佐和隆光氏は、「自由競争の市場主義社会を作れば、国が豊

かになり、貧しい人にもしずく（恩恵）がしたたり落ちるという仮設があった。しかし、間違っていた。結局は富める者をますます富ませ、貧しい者をますます貧しくした」と指摘し、今日の不平等と社会的排除の問題を次のように批判している。

「個人間の格差是正も、所得税による再配分など、今までのやり方では不十分だ。単に所得格差だけが格差ではない。平等な社会とは、『排除される者のない社会』だ。

失業者とは働く意欲を持ちながら、働く場所から排除されている人。アメリカは豊かな国だが、17％の国民が健康保険に加入していないという。……言い換えればアメリカ人の17％が医療サービスから排除されている。」（06年3月15日付読売）

19世紀に使われた物差し（尺度）が21世紀の今日においては通用しなくなっているのと同じに、19世紀のマルクスの時代の政治戦略に基づいた階級形成モデルではもはや「適応不全」になっていること、それに代わる新しい物差し（戦略・ポリシー）に基づいた階級形成を必要としていることをグローバリズムは、我々に突き付けているのである。グローバリゼーションがもたらした「新しい貧困」、「失業者ないし半就業者」の増大、社会的排除への対応が、とりわけ緊要な課題である。（註⑧）

たしかに資本主義の発展に従って労働者が増大し、貧富の格差の拡大とともに階級対立も深まる。生産関係などの経済的問題が搾取被搾取の関係を規定している。マルクスは、こうした現実の階級社会の多数を占める働く貧しい人びとを「プロレタリア」という言葉で表現した。だが、資本主義の形成過程や発展段階によっては、その社会成員の多数者が労働者であるとは限らない。貧しい農民であったり失業者や半失業者・半就業者が多数であったりする。逆に資本主義が発展し労働者が多数を占めているからといって革命の条件が直ちに形成されたかというと、そうはならなかったことを歴史は物語っている。とりわけ「工場労働者イコール生産の担い手イコール革命主体」という生産力主義・経済還元主義が染み着いたス

テレオタイプ化されたモデルは、すっかり色あせてしまった。

　一方で労働者階級内部でも「均質化」するよりも、上層・中間層・下層というように「階層分化」し、貧しさ、苦しさの度合いも上層と下層とでは大きな隔たりがあり異なる。それが、苦しみと怒りを同じくした者同士が団結するという「階級形成」の条件を難しくしている。さらに労働者間の「競争」が強められ「分断」と「孤立」が深刻になっている。労働者の生活や意識の有り様も多元化し階層的に分化している現状の中で、あらためて「連帯」や「階級形成」が問われるのも、こうした背景があるからである。

　資本主義の本質が同じではあってもその有り様が大きく変容しているグローバリズムの時代において、世界を変革する政治戦略と階級形成を「再創造」すること、とりわけプロレタリア概念を再構成することは、虐げられしプロレタリアの解放が階級の無い新たな社会を創造する扉を開けることになるというマルクス主義の革命理念を甦らせるためにも、不可欠な課題である。

（註）

（⑧）　以下は濱嶋朗『現代社会と階級』（東大出版会）

　「『ゆたかな社会』の到来とともに、貧困は経済の繁栄の影にかくれ、貧困問題は社会の片隅に押しやられ、貧困層は文字どおり日陰者のようにひっそりと身をひそめて暮らすしかなかったかにみえた。現代における貧困問題の後退は、ここ一世紀ほどのあいだの社会構造（とくに階級構造）の地すべり的な変化、それにともなう生活や意識の大きな転換を反映するものと考えられたのである。

　資本主義の発達につれて社会は資本と労働の二大陣営に両極分解をとげ、それに併行して、一方の極には富の蓄積が、他方の極には貧困の蓄積が進行するから、窮乏化した動労大衆のあいだに現状批判と現状変革への動きがつよまり、革命はさけがたくなるというのが、マルクスの予言であったはずである。ところが、その後の推移はこの予言を裏切る形で行なわれた。両極分解のかわりに新中間層の肥大化が、貧困化のかわりに平準化が、階級闘争のかわりに階級平和（労資協調）が、生活と意識のプロレタリア化のかわりに脱プロレタリア化＝小市民化が、経済成長と福祉政策の結果としてもたらされた。いまや、

貧困と不平等、差別と抑圧、抵抗と闘争は地をはらい、イデオロギーは終焉を告げて、平準化された新中間層社会ともいうべき事態が生まれたのだ、というわけである。大量生産・大量販売・大量消費にいろどられる高度大衆消費時代では、人びとの生活様式や生活態度も画一化されて、階級差はめだたなくなるから、その八、九割にのぼる広汎な大衆のあいだに、「中流意識」がはびこるまでになっている。貧困意識の片鱗を見出すのさえ容易なわざではない、というわけである。

〈中略〉しかし……こんにち貧困問題は解消したどころか、新たな装いをこらして登場していることは明らかである。独占資本の強蓄積と収奪のもとで、富裕化と隣りあわせの貧困化、生活不安や生活障害のいりまじった中流意識、深まりゆく疎外感と肉体や精神の荒廃などが、人びとの生活をむしばんでいる。ゆたかさのなかで進行する貧困の大衆化現象とでもいえようか。ついでながら、この貧困の大衆化が福祉の大衆化をひきおこす重要な要因であったことに注意したい。それはともかく『古典的貧困』は形をかえて新しい型の『現代的貧困』に席をゆずった。いうまでもなく、この『新しい貧困』は経済の高度成長（じつは独占資本の強蓄積と収奪）にともなう自然・人間・社会のスクラップ・アンド・ビルドの過程で大量に創出されたものである。」（260〜61頁）

「古典的貧困から現代的貧困への推移にもかかわらず、社会の底辺にはこんにちなお古典的ともいうべき貧困が蓄積され温存されている。広汎な中間層をまきこむ『新しく見える貧困』の基底に、これと交錯・浸透しあいながら、昔ながらの貧困が不透明に堆積しているのである。この種の貧困は、タウンゼンドが再発見したように、極貧層ばかりではなく常用労働者世帯の3分の1にまでおよんでいる。欧米先進諸国と同様わが国においても、高度成長下で日雇労働者を中心とする大量の不安定・低位就業階層が析出され、1970年にはその数は全就業者の約4分の1（1330万人）にのぼるにいたった。このような、社会の底辺に沈澱・滞留する貧困層・極貧層とその周辺の低所得層の大量存在が、識者の注目を集めたことはいうまでもない。生活保護基準すれすれの低所得層、いわゆる『ボーダーライン層』の存在が大きくクローズ・アップされ、この階層の生活状態が生活保護をうける貧困層・極貧層（被保護階層）と大差ないことが改めて認識され、福祉政策のあり方が問い直されたのである。

この種のボーダーライン層、とりわけそれ以下の水準に沈みこんだ貧困層・極貧層、『被救恤的窮民』は、かつてマルクスが『現役労働

者軍の廃兵院』、『産業予備軍の死重』と呼んだもので、労働無能力者、孤児、零落者、不具者、病弱者、寡婦などからなり、資本制的蓄積の絶対的・一般的法則の作用により析出され、相対的過剰人口の最下層部分として沈澱した人びとである。」(261～62頁)

「ある調査によれば、貧困化の直接原因としては、失業・低賃金・不安定就業といった社会的要因のほかに、疾病、死亡・老齢・多子などの個人的要因の占める比重が増大しているのである。保護開始時の世帯主の健康状態が良好な者は2、3割にすぎず、まさにマルクスのいう現役労働者の廃兵院、産業予備軍の死重にほかならない。かれらは労働能力を欠くか劣質な労働力の担い手であって、もはや資本が必要としない人びとなのである。一種の棄民政策といえるかもしれない。」(264頁)

第5章　プロレタリア概念の再創造

　なぜ、いま「階級論」なのか。それは、グローバリズムが世界を席巻し、旧来の政治・経済・社会システムや労働市場の転換と資本主義・階級社会構造そのものの変容がドラッスチックに進展したことを背景にしている。これまで日本社会の特徴として語られてきた「一億総中流」という幻想（虚妄）が崩壊し、封印されてきた貧富の格差や不平等、社会的排除といった社会のいびつさが前面化するにしたがって、「格差」や「不平等」の根底にある「階級」の問題が再び関心事になり日の目を見るようになったからである。

　そして、グローバリズムによる階級構造の変容に対応できぬ伝統的あるいは経済還元論的な古臭い階級論の限界と欠陥が露呈する中で、マルクス階級論そのものの原点に立ち返った「新たな問い直し」とグローバリズムに対抗するための「再構成」が迫られることになった。

　階級概念や階級関係、階級構造は、マルクス主義にとって中心概念（キー・ワード）の一つである。それは変革主体（革命的階級）であるプロレタリアの階級形成および階級闘争という実践上の戦略問題や運動組織論、政治的な展望を導き出すための理論的な出発点・礎である。それゆえ「階級論」を再構成することは、搾取も抑圧も排除もない、「階級のない新たな社会を創造すること」（マルクス）によって自己を解放しうるという（革命理念を宿した）プロレタリア階級概念をエッセンスとしたマルクス主義の根本思想と階級的立場を甦らせていくための不可欠な理論的課題である。同時に反グローバリズム運動・新しい社会運動を前進させていくためにも避けて通れない課題なのである。とりわけ「マルクス階級論の再構成」にとって、「プロレタリア」というマルクスの独創的で逆説的で革命論的

な新しい階級概念を「再創造」することが最も核心をなす課題であると言える。

（1） 教条主義との訣別

　その場合、私たちは何よりもマルクスの（あるいはマルクスの思想に貫かれた）批判精神に学ばなければならない。それは、決して時流におもねず大勢に逆らって権威や通説に挑み、一撃をくらわせようとものを言った、そういうマルクスの反骨心のことである。プロレタリア民衆の「苦しみ・怒り・生きている現実」から出発せず、マルクスの文献の教科書風の訓詁学的な理解や誤った通説に囚われて、権威によりかかり、マルクスの理論をただ単に仰ぎ奉り教条（ドグマ）化することは、「虎の威を借る狐」にも等しく、およそマルクスの反骨精神とは無縁の対極にあると言わざるを得ない。もっぱらマルクスのテキストの解釈（および引用）を対象にするだけでは、それがいかにマルクスの記述に忠実で注意深く選ばれていたとしても、時代の変化の兆候や階級構造の変容を嗅ぎ取り、その変化に対応して再構成（または再創造）すること——このことこそ時代の「要請」だ——は、できないであろう。どんな時代にも通用するという「通行手形」のようにマルクスの理論を考えている限り、紋切り型（ステレオタイプ）で具体性に乏しく現実味の薄い理解の仕方にとどまり、マルクスの階級理論の有効性、存在理由は失われていくばかりだ。

　このような旧来の伝統的な「マルクス階級論」の経済還元主義や教条主義から脱却しなければ、マルクス主義の根本思想である「プロレタリア」概念を現代に甦らせ——かつて放っていた輝きを取り戻し——、グローバリズムとの新たな対抗軸を打ち立てることはできない。今ほどマルクスの革命的情熱と批判精神に学び、旧来のパラダイム、当たり前だと思ってきたシェーマや価値観、固定観念、通説を根本から問い直し・覆し、再び創造する、という問題意識が求められている時はないのだ。

とりわけ古臭い伝統的な階級論の欠陥は、第①にこれまで周縁的（二次的）な要素とされてきた「失業」問題を階級構造の主要な構成要素として分析する必要性が理解できず、労働市場の規制緩和・柔軟化政策による「失業者または半就業者への不断の転化」（マルクス）が、今日の「新たな貧困」と「社会的排除」という深刻な不平等を拡大している現実に対応できないことである。

第②にグローバル資本（巨大多国籍資本）の収奪によってもたらされた経済的繁栄のおこぼれを享受できる上層労働者（管理・専門・技術職など）と、対極的に「新たな貧困」と「社会的排除」を被る「失業者または半就業者（不安定な非正規労働者）」の下層労働者とに、いわゆる「二極化」していることが、新たな格差を広げている。これを労働者階級内での「階層分化」（上層・中間層・下層への分化）として捉えることができないために、「階層分化」による労働者の分断が、より一層深刻化し階級形成を困難にしているのだという現状を軽視するか無視しているのだ。

第③に革命主体（革命的階級）の「階級形成論」において、「プロレタリア」を経済的カテゴリーでしか概念化できず、「労働者」と同義であると著しく単純化・狭義化してきたことである。マルクスの時代（すなわち19世紀の西欧の先進国）の階級形成モデル——工場制機械工業（大工業）の下で働く労働者がプロレタリアの多数を占めるようになり階級形成の中心を担うであろうという構想——は、かつてはそれなりの説得力と現実性があった。このイメージが通説化され階級形成の単一モデルとされることによって「プロレタリアは労働者と同義である」という間違ったシェーマに囚われるようになった。だが極めて、政治的・戦略的なテーマである階級形成を問題にした時、一世紀以上も昔の階級構造に基づいたモデルが今日でも通用すると考えること自体、固定観念に呪縛され時代錯誤なのである。

現代のグローバリゼーションの下で、階級構造も大きく変容し、かつての階級形成モデルの中心に位置付けられていた「労働者」の

輪郭も相当に異なった様相を呈している。「失業者または半就業者への不断の転化」が、生活の格差の広がりや「新たな貧困」、「社会的排除」に苦しむ「現代のプロレタリア」を生み出しているのだ。こうした現実をもし度外視するなら、マルクスが「現代社会の最下層である」と『共産党宣言』で規定したプロレタリア概念を否定し、「プロレタリアたちの苦悩に対して無関心であるのと同様である」（マルクス『哲学の貧困』）と断ぜざるを得ない。

　「競争と排除」をセットにしたグローバリズムは、パート、契約、派遣、請負、臨時、日雇、といった不安定で非正規の多様な就労形態を構造化し、「半失業・半就業」を余儀なくされるワーキング・プア（働く貧困層）とかニュー・プア（新たな貧困層）と呼ばれ長期の失業や不安定な就労によって社会的に排除され周縁（マージナル）化されている状態にある「最下層の貧しい人びと」「底辺」部の労働者——欧米では労働力人口の3分の1に当たると分析——を増大させているのだ。こうした「新たな貧困」が生み出す「現代のプロレタリア」の苦悩と怒りにこそ目を向けるべきだ。(註⑨)

（2）　マルクスのプロレタリア概念

　マルクスは、何故「革命的階級」を表現するのに、分かりやすく単に「労働者」（レーバー）と言わずに、「プロレタリア」という古いラテン語に由来する言葉で、しかも当時の西欧社会においては「貧民」を指し極めてネガティブな使われ方をしていた用語を採用したのだろうか。

　第①に、マルクスは、19世紀当時の西欧市民社会において「社会的危険分子」の代名詞であり蔑みと敵意を込めて使われていた「プロレタリア」というこの言葉を、あえて「革命的階級」を指す用語に採用することで、資本主義社会を転覆し「階級のない新たな社会を創造する」共産主義革命の「物質的契機」が実在するのだという逆説的（パラダキシカル）で根底的（ラディカル）なメッセージを込めたのである。

第5章 プロレタリア概念の再創造

　第②に、もともと「プロレタリア」の語源は、「最下層の貧しい人びと」を原意とする「プロレタリウス」（プロレタリィ）という古いラテン語に由来する。それは、「貧民・窮民・流民・棄民」であり「無産者・飢えたる者・持たざる者」など、虐げられた貧しい民衆の総称として多様な実在を意味する広義の概念であった。この多義（広義）的で包括的な概念である「プロレタリア」という言葉に新たな時代の息を吹き込み、現代社会の階級概念の新機軸として採用したところにマルクスの創意（イニシアティブ）がある。ここに共産主義者としてのマルクスの思想的な①パラドックスと②オリジナリティーが体現されているのだ。

　我々は、この新しい階級概念であり、マルクス（主義）の独自の用語である「プロレタリア」の原点にもう一度立ち返る必要がある。そのためには、19世紀のマルクスが生きた時代の「原像」を振り返り、当時西欧で「プロレタリア」と呼ばれた民衆が、どのような貧困と不平等に苦しんでいたかを考察することが、ヒントになるであろう。

　当時のドイツでは「工場労働者はまだ少数にすぎず、日雇、奉公人、小屋住み農民、家内工、手工業職人・徒弟など雑多な諸階層が社会下層民の大半を占めていた。〈中略〉ところが、……彼らの『大衆的貧困』が『社会問題』として注目されるとともに、社会秩序の安定を脅かす危険をはらむものとして市民層にうけとめられた。〈中略〉彼（自由主義者フリードリヒ・ハルコルト）によれば勤労意欲をもち誠実な態度で暮らす人々は、たとえ貧しくとも『プロレタリア』とはいえなかった。『プロレタリア』とは、まともな教育もうけられず、まじめに働こうとする意志をもたない自堕落な人間にほかならなかった。」（藤田幸一郎『マルクス・カテゴリー事典』青木書店・470頁「プロレタリアート」より）

　また良知力『1848年の社会史』（影書房）では、1848年革命期のドイツにおいて、「当時の大衆的貧困をもっともきびしく一身に負っていたのは、働くに職なく住むに家のない他国者」、「社会の底辺に

沈んだ人びと、それも少なくともこの時期にあっては流民化し、棄民化した人びと、属すべき地域社会をもたない故郷なき人びと」であったことが述べられている。これが、マルクスが生きた時代、19世紀西欧における「プロレタリア」の原像に他ならないのだ。

まさに「社会の利益は享受することなく、社会のあらゆる重荷を背負わざるをえないような、社会から押し出され、他の一切の諸階級との決定的な対立を強いられているような、そういう一階級」（マルクス、エンゲルス『ドイツ・イデオロギー』廣松渉編訳、岩波文庫）であり、「革命において鉄鎖の他に失うものは何もない」（マルクス、エンゲルス『共産主義者宣言』金塚貞文訳、太田出版）「現代社会の最下層をなす」（前同）被抑圧階級であるがゆえに、「あらゆる階級の支配を、階級そのものとともに止揚する」（『ドイツ・イデオロギー』）こと、「競争や、私的所有や、またすべての階級対立をなくすこと」（エンゲルス『共産主義の原理』）、すなわち、搾取も抑圧も排除もない、階級そのものの存在条件を廃止した「新たな社会を創造する」ことによって、「プロレタリア」は、初めて自己を解放しうる「革命的階級」なのである。ここに、マルクスの独自の新しい階級概念である「プロレタリア」概念のエッセンスがある。

一世紀以上にわたる革命への長い試練の道程を旅してきた「プロレタリア」という言葉が、かつて放っていた輝きを、我々は再び取り戻さなくてはならない。虐げられし者の「解放への希望と情熱」を宿し、共産主義革命の理念（イデオロギー）を象徴する階級概念である「プロレタリア」概念を「再創造」することが、マルクス主義の根幹をなす階級論を現代に再構成していく最も核心的な要素（エレメント）なのである。

これまで階級を経済的カテゴリーでしかないと思い込み当たり前だと錯覚してきた経済還元主義や、「マルクスの分析をなぞり、それによって自説を権威づけるという域を出ていない」（濱嶋朗）ような教条主義・権威主義に囚われてきた旧来のパラダイムを根底的に変革することが求められている。マルクス主義の根本思想である

「プロレタリア解放」のイデオロギーを事実上衰退させてきた古臭い階級論から脱却し得ない限り、「プロレタリア」概念そのものが、葬り去られ「死語」と化すにちがいない。旧来の伝統的・正統派的な階級論は、「貧困の中に貧困だけを見て、その中に、やがて旧社会を覆す革命的破壊的側面を見ない」（マルクス『哲学の貧困』）ために、「最下層の貧民」を指す「プロレタリア」を経済的カテゴリーのみで「労働者と同義」であると概念化し「プロレタリア」概念の存在理由を失わせるに等しい二律背反に陥ってきたからだ。それゆえ、マルクス主義階級論の核心をなす「プロレタリア」概念を、その原点に立ち戻りグローバリズムとの対抗軸が問われている現代のコンテキストにおいて「再創造」することが何よりも肝要なのである。

（3） 分断を越える連帯

プロレタリアの階級形成における失業者と就業者の連帯・協力の重要性についてマルクスは次のように指摘している。

「……失業者の圧力は、就業者により多くの労働の流動化を強制し、したがってある程度まで、労働の供給を労働者の供給から独立させる。この基礎の上における労働の需要供給の法則の運動は、資本の専制を完成する。それゆえ、労働者〈中略〉彼ら自身の間の競争の強度が全く相対的過剰人口の圧力によって左右されるものであることを彼らが発見するや否や、かくして、彼らが労働組合等によって就業者と失業者との計画的協力を組織して、かの資本主義的生産の自然法則が彼らの階級に与える破壊的な諸結果を破砕するか弱めるかしようとするや否や、資本とその阿ゆ者である経済学者とは、『永遠』にしていわば『神聖』な需要供給法則の侵害について、悲鳴をあげるのである。すなわち、就業者と失業者とのすべての連結は、かの法則の『純粋な』作用を攪乱するからである。」（『資本論』③岩波文庫・向坂逸郎訳223頁〜224頁）

また、マルクスは、プロレタリア階級闘争の必然性について『資

本論』で次のように述べている。

「労働者がプロレタリアに転化され、〈中略〉世界市場網への世界各国民の組入れ、およびそれとともに資本主義体制の国際的性格が発展する。〈中略〉この転形過程のあらゆる利益を横領し独占する大資本家の数の不断の減少とともに、窮乏、抑圧、隷従、堕落、搾取の度が増大するのであるが、また、たえず膨張しつつ資本主義的生産過程そのものの機構によって訓練され結集され組織される労働者階級の反抗も、増大する。……資本主義的私有の最期を告げる鐘が鳴る。収奪者が収奪される。(マルクス『資本論』、③向坂逸郎訳・岩波文庫415頁)

　伝統的・正統派的・スターリン主義的な階級論によって、「プロレタリア」（最下層の貧しい人びと）を「労働者（または賃金労働者）」の同義語であると見なしたことが、階級を経済還元主義的に概念化し、本来、広義の階級概念であった「プロレタリア」を「不当に単純化・狭義化」する歪みを生み出してきた一因である。「労働者」が「最下層の貧しい人びと」を指す「プロレタリア」の多数を占めていた（あるいは占めるようになる）としても、「労働者」に一括りにできない失業者や野宿者・生活保護受給者、年金生活者など生活困窮者を切り捨てるような階級形成論に立つ限り、人間の命、尊厳や基本的権利を脅かし社会的な不公正、不平等、排除を蔓延させながら、それを隠蔽する資本主義の仕組みを打ち砕けない。そうであれば、公正・平等で排除される者がない連帯に基づいた社会へ変革することはできないのだ。

　こうしたプロレタリア概念や階級形成に対するパラダイムの差異が、生活に困窮する貧民を、「労働貧民」と「勤労倫理」を欠いた「怠惰な貧民」とに分類（分断）し道徳的欠陥をあげつらうことによって社会秩序を保とうとするブルジョア・イデオロギーや価値観に容易に囚われる理由でもある。資本主義は、社会的な不公正や不平等、生活に困窮する人びとの問題を隠蔽するために、「勤労倫理」を植え付け、その対極的存在として失業者、ホームレスや「被救護

貧民」を危険視し「ルンペン（浮浪者）」と蔑む賤民観によって社会から排除、周縁（マージナル）化してきたのだ。マルクスが当時のブルジョア的勤労倫理や賤民観に対してどれだけ批判的意識を持っていたかは疑問である。マルクスの論述の中で「浮浪者、犯罪者、売春婦など」を腐朽分子と見なし理論的説得力を欠いたまま「ルンペン・プロレタリア」と規定したことが、プロレタリア概念を経済的カテゴリーのみで概念化し狭義化する理由付け（条件整備）になってきたことはたしかだ。このことが階級論に少なからぬ思想的混乱をもたらしてきたと言える。

　だが、資本主義・グローバリズムによって虐げられている「排除された人びと」（サパティスタ）、「都市底辺層」（サスキア・サッセン）、「持たざる者」たちは、紛れもなく「現代社会の最下層をなすプロレタリア階級」（マルクス）である。これまで社会から排除され周縁（マージナル）化されてきた「声なき者」（NO-VOX）たちが、社会変革の「新たな行為者」として存在感を明示することによって、自ら「忘れられた存在」であった時代に終わりを告げ、「新たな貧困」と「社会的排除」を現代社会の階級的不平等を象徴し世論を二分する中心的な政治課題としてクローズアップさせてきたのである。

　フランスの新雇用政策に反対するデモで目立ったのは、「プレカリテ（生活の不安定）を許すな」というスローガンだった。プレカリテとプロレタリアートを合わせた「プレカリアート」という造語も登場した。グローバリズムに対抗しうる新たなパラダイムのプリズムを通して「プロレタリア」概念を再創造することが、今こそ求められている。そうしてこそ、「プロレタリアの解放」を根本思想とするマルクス主義を再生することができるのである。

（註）
（⑨）　江口英一は『山谷』（未来社）で、山谷の日雇労働者を、労働力流動化政策によって「半失業」を常に余儀なくされ困窮を強いられる「底辺労働者」という概念で規定した。彼は、山谷に代表される日雇労働者の階級的な概念規定を提起した先駆者と言える。

第5章　プロレタリア概念の再創造

「『山谷』に集積された『日雇労働者』は、一般的にいって、産業予備軍の予備労働力たるものである。わたしはここで、いわゆる『底辺労働者』という概念を、このような二重に過剰化された産業予備軍の下方部分であると規定しておこう。いずれにしても、この『底辺労働者』の諸階層は、『高度経済成長』が展開した『労働力流動化』政策のもとで、全国的に『流動化』せしめられた階層の最先端として積極的に作り出されたものであった。〈中略〉こうして、『山谷』の労働者は、『山谷日雇労働者』として特殊なものではなく、それは『底辺労働者』の一典型として、全国範囲で『流動化』せしめられている、労働者階級の最下部をしめる労働者階層に他ならぬのであり、〈中略〉『山谷』は一面では全国にまたがる『流動』の水脈の先端的なところに位置する『溜り場』、一時的滞溜場にすぎないということである。

しかし一方、この『流動化』とはたんにそれだけのものではない。それは彼等が失業者＝産業予備軍の予備＝恒常的失業者として、仕事を求める競争がますますはげしく行なわれる中で、さまざまな『労働力流動化』政策にのせられながら全国的に職場を転々とするだけでなく、いわば『流動』の都度首を切られ、失業し（仕事に『アブレ』て）、再就職することを意味している。まして彼等は予備の予備ということであるのだから、失業＝『アブレ』の機会は最も多く、したがって、基本的には、いわばいつも『半失業』状態にあるということである。

〈中略〉産業の繁閑による労働力への『吸引と反発』は、結局、予備労働力の予備としての『底辺労働者』を、いっそうの『底辺』へと、『流動化』させていく。ここに『流動化』のもう一つの意味があるだろう。その部分に編入され、待っているのは、『被救恤的窮民』の生活であり、公費による扶助を受けなければ生存さえおぼつかない『窮乏層』の群である。

〈中略〉失業＝『アブレ』すなわち『所得の喪失』の常習化した生活は、体力と気力の年齢相応以上の低下、社会生活からの孤立と脱落、そして定住すべき住居を失った『家なし』（ホームレス）を生む。官庁用語ではこれを『住所不定』者というが、要するにそれは『浮浪者』ということである。……『山谷』の『日雇労働者』はこうして、全部が『住所不定』者＝浮浪者の予備軍である。おどろくべきことに実際、これが現代日本の賃金労働者であり、その『底辺』部の労働者の姿なのである。

いい方をかえると、『山谷』の労働と生活は、したがって『山谷』

とは、『底辺』の『賃金労働者』を『住所不定』者＝浮浪者たらしめ、公的な扶助・救恤なしには、もはや生存さえ不可能な、最下の『沈澱』＝『窮迫民』を生み出す一つの『スクリーン』としての機能を果たす、装置である。このスクリーンを通じて、この『沈澱』＝『窮迫民』は、更に『山谷』からさえ『流動』化させられ、遠隔に隔離された老人ホームなどの収容施設へ、『施療』病院へ、鉄格子のある精神病院へ、あるいは『死』へとおくり込んでいく一つの社会的装置でもある。これが労働力の『流動』化なるものの、これらの労働者にとっての、もう一つの意味なのである。それが『山谷』に代表されている。」（江口英一他編著『山谷』未来社、まえおき）

まとめ

　以上の論稿は、2006―7年に著述したものである。その要点をあらためて述べることにしたい。

　21世紀現代社会の「階級論」は、従来の古臭い既に有効性を失った「経済還元論」の呪縛から脱却し、21世紀の今日の社会が抱える多様で深刻な問題、とりわけ拡大する格差・貧困・不平等の社会問題の本質を解明する役割を求められている。

　19世紀のマルクスは、資本主義の下で資本家階級と労働者階級への社会の「両極化」が進み、同時に労働者の「窮乏化」が深刻になるとともに、飢えた労働者は、資本主義の下では「生きていくことができない」と自覚し団結して「革命」に立ち上がるだろうと考えた。ところが19世紀後半から20世紀に入ると、西欧などの「先進国」では、労働者階級の内部でも貧富の格差が拡大し、豊かな「上層」と貧しく生活に困窮する「下層」とに「階層分化」が進行した。労働者階級の中の「上層」におよそ「プロレタリア」（貧民）とは言えない階層が形成された。20世紀のレーニンは、労働者であってもプロレタリアではない「上層」にある者を資本の恩恵を享受して体制内化し堕落した「労働貴族」と呼んだ。この労働者階級内の上層・中間層・下層への階層分化を背景に「分断」が深められた。労働者階級の中に生み出された階層間格差をテコに分断して対立させ、

お互いに出し抜こうとする「競争」に駆り立てることによって、労働者民衆に対するブルジョア階級支配が強められていったのである。

こうした階級内「階層分化」に伴う社会の変容に対して、旧来の伝統的正統派マルクス主義者は、一つの階級（労働者階級）の中に異なった利害を持つ「階層」は存在せず認められない、労働者はみな「窮乏化」して一つの階級として団結が促進される、というシェーマ（図式）に囚われていたため、階層間の格差・分化によってもたらされた労働者階級内の深刻な分断・対立を無視し、それへの対応を怠った。労働者階級の団結―階級形成を困難にしている現状を直視せず、教条主義に陥ることによって、階級と社会の変容を捉えることができなくなったからだ。

こうした労働者階級内の「階層分化」と格差が広がってきた時代の社会構造を反映する形で、修正主義者と批判されたドイツの社会民主主義の理論家ベルンシュタインは、「社会民主主義は……労働者をプロレタリアという社会的地位から市民という地位に高め、こうして市民階級または市民という存在を普遍化するために、不断に活動している」と述べた。労働者は、もはやプロレタリア（貧民）などではない、れっきとした市民だと体制内化を促す意識を刷り込んだのである。そうすることでベルンシュタインは、資本主義の下で一定の経済成長の恩恵を享受し物質的基盤（所得や社会的地位）を上昇させた労働者（上層）の既得権益を擁護するために、「ブルジョア」に反抗する体制外の存在（社会的危険分子）の代名詞であった「プロレタリア」と区別し分断すること＝引き裂くことを意図してこのような「労働者階級観」を明確にしたのである。つまり労働者は、もはやプロレタリアではなく、ブルジョアに敵対する者ではない、という階級協調主義の立場である。こうしてプロレタリア概念を貶めていくための第一歩が修正主義者ベルンシュタインによってしるされたことの歴史的意味を私たちは重く見るべきだ。

したがって「プロレタリア」という概念も、再構成しえなければ「市民社会」というパラダイムの中でますます貶められていくばか

第5章　プロレタリア概念の再創造

りであろう。それに抗することができないできた伝統的正統派マルクス主義の旧来型階級論の通説によっては朽ち果てるしかあるまい。では21世紀の今、「プロレタリア」は存在しないのか。存在しないゆえにこの階級概念は葬り去られていくのか。私たちは、これに「否」と答える。そして教条的で経済還元主義に浸った旧来型階級論に異を唱え、それとの訣別を訴える。

　なぜ私たちは、「プロレタリア」概念に執着し注目するのか。それは、現代の資本主義グローバリズムの歪み・矛盾を集中して背負わされているがゆえに、格差・貧困・不平等を最も被った「現代社会の最下層」（マルクス）を表す概念であるからだ。そして資本主義に反抗する怒りを内在化し「階級なき社会」を目指す革命を担うであろう「虐げられし持たざる者」を意味する用語こそ、この「プロレタリア」という言葉だからである。この語には、虐げられた者こそが革命の主体としてあらゆる差別や分断を乗り越えて団結しえる、というマルクスの独創的な階級観が反映されている。まさに「マルクスの思想・世界観を構成する重要なキーワード」（木原武一）に他ならない。それゆえ私たちは、21世紀の現代社会に見合った「新たなプロレタリア階級論」を提唱しているのである。

　なぜなら「プロレタリア」という用語ほど、マルクス自身がこの言葉に込めた思想、意味合いとは異なって最も歪められて解釈され、誤った通説つまり俗説として流布されているものはないと考えるからだ。逆説的に言えば、「プロレタリア」という階級概念が貶められ投げ捨てられた状況に、今日のマルクス主義の思想的な混迷度合の深さが象徴されているのではないだろうか。

　マルクスに立ち戻ると、何故あえてマルクスは、「プロレタリア」という――「虐げられた最下層の貧民」を原意とする古いラテン語に由来する――この言葉を用いたのか。何故わかりやすく単に労働者と呼ばなかったのか。「プロレタリア」と「労働者」という言葉の間にはどういう「違い」があるのか。この階級概念にいかなるメッセージを込めようとしたのか。19世紀の時代に即して資本主義

階級社会の歪な実相を照らし出そうとしたマルクスは、「プロレタリア」という言葉によって、どのような「新しい独特の意味」(木原武一)を与えようとしたのか。そのことを私たちは、あらためて21世紀の現代に於て問い直しマルクスのメッセージを読み取ることが必要であろう。

マルクスの革命のビジョンは、あえて言えば単に「労働者の世の中」をつくることにとどまっていたのではない。「階級なき社会」(としての共産主義社会)を目指して、その革命を担う主体としてのプロレタリア自身もまた、資本主義によって「見えない鎖で繋がれ」、疎外されているがゆえに、プロレタリアという階級的存在を、階級社会そのものとともに止揚(アウフヘーベン)・廃棄すべきだ、という思想を宿していたのである。

その背景には、マルクスの生きた19世紀の時代、人類の歴史上初めて「階級社会」が人類史の前史として認識の視野に入り、階級そのものの止揚が可能であること、「階級なき社会」への革命が現実に構想され労働者民衆の心・情熱をたぎらせるようになったことがある。また西欧の政治文化の特色として、例えば英国では、アイルランドの「追いはぎ」を意味する「トーリー」、スコットランドの「反徒」という意味の「ホイッグ」が、それぞれ保守党と自由党の党派名としてお互いに投げ合った悪罵をあえて採用した。そういう政治文化が背景にあって、19世紀の西欧で「ブルジョア」に対比する用語として「社会的危険分子＝反徒」という意味合いと重なりながら「貧民」である労働者を蔑む悪罵として「プロレタリア」という言葉が使われるようになったのである。つまりマルクスは、資本主義社会で「ならず者(無頼漢)」呼ばわりされた体制外の「プロレタリア」こそ社会を転覆させる存在であると反転させたのである。そこにマルクスの独創性が見て取れるのである。

このように本来、「プロレタリア」は、「労働者」の同義語ではない。その「違い」を理解せず、労働者の同義語であると誤って解釈されてきた通説が固定観念になった。その固定観念に囚われること

によって、失業者や半失業者、不安定な日雇や派遣・パートの下層労働者を「本来の」労働者ではないと見下して、勤勉性を欠いた怠惰な「ルンペン・プロレタリア」であると形容することで蔑む偏見が助長されたのである。失業した労働者であれ下層の農民であれ最も貧困に苦しんでいる者を、「現代社会の最下層の貧民」を原意とする「プロレタリア」概念から「排除」するという倒錯が何故もたらされたのか。ベルンシュタイン流の市民的労働者観に毒されてしまったからか。そうした「倒錯」が「プロレタリア」というラディカルな革命的用語を色褪せたつまらないものに貶めてきたことを、マルクス主義者を自称する者は自問すべきであろう。

　「資本主義に終わりを告げる最後の鐘が、全世界に鳴り響いている」――マルクスから、時代を越え、国境を越えて、21世紀を生きる私たちに届けられたメッセージは、今もなお革命へのイマジネーションを喚起してくれている。それは、「階級のない新しい社会」、したがって誰もが虐げられない、戦争も搾取も抑圧もない、新しい時代の幕開け（エポック・メーキング）を意味しているのである。その道程が、いかに遠く険しいものであろうとも、どこまでも「プロレタリアの解放」のために情熱を燃やし闘い続けていくこと、それが私たちが果たすべき使命であろう。

第Ⅲ部 21世紀の世界を変える新機軸とは何か

「怒れる者たち」の世界同時行動の新宿デモ（2011年10月15日、撮影 筆者）

21C. WE CAN CHANGE THE WORLD !
PRELUDE TO REVOLUTION !

第1章　未来に種を蒔く希望の道

　（1）　新たな変革の展望

　世界は今、資本主義・グローバリズムの歪み（貧富の格差や不公正・不平等の拡大）に挑みかかる「持たざる者」のプロテスト（抗議）やレボルト（叛乱）の新たな変革のうねりに洗われている。2011年の「アラブの春」や欧州の「怒れる者たち」、米国のウォール街の占拠運動に象徴される「草の根の怒りのプロテスト」・変革のうねりが、世界を席巻しているのである。このドラスチックでダイナミックなうねりから日本が無縁であり続けられるのだろうか。そんなわけがない。こうした草の根―底辺からの怒りのプロテストは、私たちに「新たな変革の展望・構想」を示唆しているようにみえる。それらに共通していることは、「人間らしく生きる権利と尊厳」を求めていることである。この普遍的な価値観を共有した「草の根のプロテスト」なのだ。資本主義・グローバリズムによる不公正・不平等の広がりが、世界中で人々を草の根からのプロテストに駆り立てているのである。

　「持てる者」が得た利益、莫大な富は、「持たざる者」の多くの犠牲によって生み出されている。そのルールとは？　それは一握りの金持ちを儲けさせるために、大勢の「持たざる者」からなけなしの所得を搾り取る。社会的権利を奪って無権利状態にする。人と人とを引き裂き分断する。そして「弱肉強食」の貪欲で殺伐とした競争に駆り立てる。いわばジャングルのルールといえる。

　企業が儲かれば（経済成長すれば）、賃金も増え、労働者にも恩恵が滴り落ちるという考え方（トリクルダウン）は欺瞞だ。企業や金持ちは、自分たちが「持たざる者」と同じように課税されるべきではない、優遇されるべきだと主張する。つまり「持てる者」は、社会

の99％を占める「持たざる者」への再分配を拒み、特別扱い（特権）を要求しているのである。そのために彼らは政治権力を握って手放さない。実際、金融資本は、政府による救済策を受けている。原発事故を起こした東京電力も同じだ。労働者を「使い捨て」どころか被曝労働を強いている原発のように労働者を「使い潰す」ことで利益を得ている電力会社は「ブラック企業」といえる。

　一方で、生活に困っている「持たざる者」に対しては、「最低限度の生活」すら保障しない。生活保護制度の改悪や福島原発事故の被災者に対する棄民化に象徴されるように、「ただ我慢して耐えろ」と切り捨て、不公正、不平等を野放しにしている。「公正」の代わりに欺瞞と偽善を、「平等」の代わりに競争と効率性を押しつけている。

　その結果、不安定（プレカリテ）がキーワードになるような格差社会になった。人々は生活の不安定さに脅え、貧困に苦しまねばならなくなった。「偽り欺き操る」ことによって格差や困窮を拡大する政治は、為政者による政治的犯罪行為に等しいのではないか。経済成長を妄信してきた歴代政権のツケを、なぜ「持たざる者」が払わされるのか。

　貧困・格差の問題や社会保障問題は、社会のありようを問うているだけではない。それは「人間らしく生きる権利」（生存権）の侵害・剥奪（社会的排除）に対する抵抗力（権利意識）の度合を問うと同時に日本の社会運動の貧困・社会的排除に対する闘いの成熟度をも試している。権利主体の抵抗力がなければ権利の扉は開かないのだ。

（2）　変革の炎を燃え上がらせる灯火を！

　生活や生存そのものが脅かされ「人間らしく生きていけない」という現実の中では――例えば原発事故によって生活や故郷を壊された福島や米軍基地の重圧に苦しめられている沖縄の人々――、虐げられし者の苦しみは「怒り」を宿す。リスクを取っても声をあげよ

第1章 未来に種を蒔く希望の道

うとする。「もう、たくさんだ！我慢できない！」という抑え難い怒りだ。苦しみを分かち合うことはたしかに難しい。でも、そこに宿った怒りの声は、耳を澄ませば聴こえてくる。怒りを共にし、志を同じくすることで、人は連帯意識を高め、変革の「拠り所」を創れるのではないだろうか。

一方で為政者は、「持たざる者」の目と耳と口を塞いで「怒りを忘れた傍観者（サイレント・マジョリティー）」にしようとしている（言論の自由を脅かし、言論を統制・監視しようとする「秘密保護法」＝国家機密隠蔽法がその例だ）。不公正や不平等にまみれた社会の歪みをきちんと知ることができない、「知る権利」が保障されていなければ、またそうした権利意識が未成熟であれば、「怒る」こともできない。本当に怒るべき対象に怒れない。騙され、諦めに支配されやすくなると言える。

だが、誰かを犠牲にして成り立つような、また誰かの生活や生存を危険にさらして得られた「平和・繁栄」は、フィクションでありアン・フェアだ。私たちが望むのは、貧困・格差・不平等が拡大する競争社会じゃない。私たちが望むのは、誰も虐げられない、人間らしく生きられる公正・平等で連帯に基づいた社会だ。人は現在だけでなく未来に向かって生きている。生まれる時代は選べなくても未来は自ら決められる。私たちの未来は変えられる。私たちが目指す未来は、これまでのような未来ではない。未来を閉ざし変革を妨げようとする者たちと私たちは闘う。私たちは決して「諦めない（オーラシャヤン）！」。

社会に変革を起こす力が、「持たざる者」の権利意識と行動を高めることなしに、またそのための試行錯誤を経ずに一朝一夕に創れるという考え方自体が非現実的である。また変革が、いかに困難であったとしても決して不可能ではない。不可能とは、少し余計に時間がかかることに過ぎない、と考えることもできる。私たちは、「持たざる者」の草の根の怒り、国家権力から「自律」した社会運動が、人の苦しみや困難に無関心な社会の在り方を変える一歩にな

ると考えている。耳を澄ませば、「声なき者・VOICELESS PEOPLE（発言権がない者）」の声が世界中に響いている。（政治的社会的な「発言権がない」ということは、声をあげることもできない「無告の民」、あるいは自らの未来を自分自身で決める権利を奪われていることを意味する。）私たちは、世界を変えるために、希望ある未来のために、「持たざる者」の手に握られた１本のたいまつだ。草の根－底辺からの怒りに火を点け、変革の炎を燃え上がらせる灯火だ。「崩せない壁はない！越えられない塀はない！　開かない扉はない！」（サパティスタ）

（３）　公正・平等な権利と連帯のために！

　すでに、「変革の種」は蒔かれた。花を引き抜くことはできても、草の根のように広がった変革の芽は、誰も摘み取れない。時代はうねり、今や世界中で「人間らしく生きられる公正・平等な権利」を求めて草の根からの怒りのプロテストが燃え上がっている。虐げられし持たざる者は、変革を必要としているのである。

　新しい社会運動の使命・役割とは、資本主義・グローバリズムに覆われた競争と格差の社会を、草の根から社会的排除を被っている「声なき者」と連帯することによって、公正・平等な権利と連帯に基づいた「人間らしく生きられる社会」へ変革を促すことであろう。そのために必要なことは、①多種多様な運動を「結合し普遍化すること」（マルクス）であり、グローバルなコンテキスト（文脈）から自分たちの運動の現状や課題、困難性や可能性を考えながら（サスキア・サッセン）、あらゆる壁を乗り越え「越境する連帯」を模索すること。②国家権力・行政との調整役やパートナーシップ（権力への従属）に堕することなく「自律」した草の根の運動体（アソシエーション）であること（権力に対して「自律性」を主張することは社会運動にとって不可欠だ）。③諸個人・運動体間の意見の相違や立場の差異を相互に理解し、対等・公正な議論を通してコンセンサスの形成に努めること。多様でありながら力を合わせ「連帯して行動する」というスタイルを大切にすることである。

第1章　未来に種を蒔く希望の道

　従来、左翼の多くは、自律した多様な草の根からの社会運動の意義を誤解するか無視する傾向にあった。(「伝統的左翼の多くがいまだに、都市の社会運動の革命的潜在力を理解するのに困難を抱え」「労働者組織や階級基盤組織と呼びうるものと社会運動とのあいだに、ある種の境界線を引いてきた」ことを、D・ハーヴェイは、『反乱する都市』で指摘。) その要因は、労働市場(雇用構造)のグローバル化や変容――例えば「プレカリアート」と呼ばれる社会の周縁で「不安定な」生活を送る人たち(ノーム・チョムスキーの言)の増大――に対応できなかったこと。第2に貧困問題の原因を経済還元論的に捉え、社会的排除(労働権・教育権・生活権等の社会的権利からの排除)が貧困を拡大させてきたことを過小評価してきたからである。第3に、「権利要求の拠点」(A・ネグリ)が労働組合に限定されなくなったにもかかわらず、「社会から押し出され」(マルクス『ドイツ・イデオロギー』)周縁化(マージナル化)された人々(移民、失業者、ホームレス等)との連帯を通じて「社会運動のあらゆる形態や多様な活動方法を弾力的に習得しわがものにすること」(レーニン)を怠ってきたからである。その意味で、左翼は今、パリ・コミューンを「権利を取り返すための闘争として再概念化」(ハーヴェイ)すること、「反資本主義闘争に関する左派の展望を変革」し「組織と戦略のオルナタティブ」を提示すること、つまりパラダイム・シフトが問われているのである。

　世界中のすべての「権利」は、これを妨げる権力者との闘争によって闘い取られてきたものである。社会的な権利、団結権、社会保障は、「抵抗の産物」(A・ネグリ)である。生活保障(保護)等を利用することは、「生きる権利」(生存権)であって、「施しを乞う」ことでも「国や行政の支配下に置かれる」ことでもない。権利主体は、権力者による権力の濫用＝権利侵害に対して不断に闘うことによってしか権利をつかみ取ることができないのである。社会的権利からの排除＝権利侵害に対して沈黙し闘わない者は、権利主体であることを自ら放棄し、無権利な奴隷状態になることを受容することにも等しいと言える。21世紀の私たちは、「人間らしく生きられる

権利」をつかみ取るために、それを脅かし奪うものに対して、徹底して闘わなければならないのである。全ては連帯と変革のために！

（4） 新たな情勢の到来

　これからの時代、社会を根本から変えようとするなら、常に変化する情勢に対応することが求められる。情勢の変化に対応することは、「新しい現実」に向き合うことを意味する。旧来の常識・固定観念やパラダイムに囚われていると、情勢や時代の変化に対応できなくなり立ち遅れてしまう。

　こうした現状から脱却しパラダイム・シフトするために必要なことは、イニシアティブの創造である。時代を読み、「情勢をいかに捉え、どう闘うか」を示すイニシアティブを鍛え上げることを通して、信頼を受けるに足ることを示せるかどうかが肝要である。そのために不可欠な要素は、何よりも、①情勢を分析する深い洞察力、判断力と先を見通す先見力であり、②変革を担う情熱と創意、使命感である。イニシアティブを示せるかどうか、それは変革の担い手（旗手）の存在意義そのものに関わる課題なのである。

　「冷戦」終焉から四半世紀、戦後レジームを規定した「ヤルタ」から70年余、第１次世界大戦から百年―。こうした節目を迎えた今日、我々は、第２次世界大戦前と戦後世界、戦後「冷戦」時代と「冷戦」終焉後の現在というこの時代の変化、国際情勢および国際政治の地殻変動に対応して初めて未来の変革のビジョンとそれを実現しうるイニシアティブを示すことができるのではないだろうか。

　いつの時代にも、情勢の変化に関わりなく通用するという変革の戦略（路線）や組織活動（方法・形態）というものは、マルクス主義においてはありえない。もしそういう類のものがあるとすればそれはドグマ（教義）でしかない。どんな思想や理念も使用説明書のない「漢方薬」と似ている。つまり「せんじ方が悪ければ、効き目がないばかりか副作用が出る。」

（5） G8体制の崩壊——多極化する世界

　戦後世界は、米ソの「冷戦」時代からその終焉、米国の一極支配（パクス・アメリカーナ）を経て今日、米国の影響力が揺らぎ後退する時代へ、世界の情勢や歴史を揺るがす地殻変動が進んでいる。

　「冷戦」時代（戦後ヤルタ体制）終焉後、世界に影響を及ぼしてきた米国主導の「新世界秩序」＝G8体制が、（ヤルタがある）クリミア半島問題を巡って終幕を迎えた。米欧日の主要7カ国（G7）は、ウクライナ・クリミア問題を巡り、ロシアをG8の枠組みから当面除外した。「冷戦」終焉後の世界秩序を主導してきたG8体制が、事実上崩壊し、国際政治のパラダイムは、大きな転換点を迎えたと言える。

　G7は、「冷戦」時代に米欧日が協調し、大国（先進国クラブ）が資本主義世界経済を仕切る枠組みとして影響力を行使してきた。「冷戦」終焉と旧ソ連・東欧圏の「疑似社会主義＝スターリン主義体制」崩壊後は、ロシアを取り込み、G8としてグローバリゼーションが席巻する新しい時代に対応する場になった。しかし、「冷戦」後のEU（欧州連合）発足やBRICSなどの新興国の台頭によって、米金融危機後、2008年からG20（主要20カ国・地域）サミット（首脳会談）がスタートすると、国際的な経済の枠組みとしてはG8の限界や相対的低下もささやかれ出した。今後、G20内における米欧日のG7とロシア、中国などとの力関係や勢力図に変化が及ぶ可能性も指摘される。

　世界経済の勢力圏は大きく変化している。G7のGDPは00年に世界全体の7割近くを占めたが、12年には5割未満に低下。米国だけだと（戦後当初4割を占めていたが）2割。EU28カ国合計では米国を上回る。G20のGDPは約85％を占め、BRICS（ブラジル、ロシア、インド、中国、南アフリカ）だけで米国のGDPに迫る。日本のGDPは10年に中国に抜かれ世界第3位になった。その内訳は、個人消費が6割、公的支出が25％を占める。経済成長のエンジン役は明らかに輸出ではなく、個人消費に移っている。米国経済はさらに

内需（消費）主導型で個人消費が7割に達し、サービス業の比重がますます高くなっている。

　世界はグローバリズムの時代にあって、ますます多極化し「Gゼロ」（無極化）すら現実性を帯びつつある。つまり覇権国家が存在しなくなり多極化しつつある時代というのは、一方で「冷戦」終焉によって「反共」の結集軸を喪失した保守派・右派内に偏狭なナショナリズム（国家主義）の台頭をもたらし、他方で資本主義グローバリズムそのものの「終わりの始まり」をも意味するのではないだろうか。

　G8の影響力低下と事実上の崩壊は、「米国の弱体化と軌を一にする」（3・26日経）。米国は「9・11同時テロ」後のアフガニスタン、イラクへの侵略・対テロ戦争で国際的威信を失墜させた。公的資金を浪費し経済は疲弊、軍事費の削減を迫られた。2011年の「アラブの春」では、中東での米国のプレゼンスの凋落ぶりをさらけ出す形になった。オバマ政権下では米軍再編を経て、外交の主軸をアジア太平洋に移すアジア重視の「リバランス（再均衡）」戦略（2012年）に転換。だが、それは「欧州の安定」を前提にしたものでウクライナ危機は、その前提が崩壊することを意味する。強大な軍事力で世界を支配する帝国主義の時代は廃れつつある。

　第1次世界大戦から100年の節目にあたる今日、21世紀の国際政治のパラダイムは、前世紀の（レーニン時代や）「冷戦」時代と決定的に異なる。それは何よりもグローバリズムの進展に伴い、2カ国間や多国間の利害と協力関係が人・物・金でつながり重層的に絡み合って相互依存関係を強めていることだ。第1次―第2次世界大戦をアナロジーしたような「市場（植民地）分割戦―ブロック化―帝国主義国家間（総力戦）戦争」のシェーマ（図式）にも、「新たな戦前」や「新たな冷戦」にも当てはまらない。

　たとえば米・中・日の3国の経済関係は、今やドルを軸にした「一蓮托生」の関係にあるといえる。米国にとって中国は第1の輸入先、中国にとって米国は第1の輸出先だ。米国は、日本のみなら

ず、政治体制の違う中国も含めてグローバル経済を構築せずには経済自体が成り立たない（この点は日本も同様だ）。中国が保有する米国債は約１兆３千億㌦で世界最大。続く日本の保有高も１兆1700億㌦を上回る。つまり米国は中国と日本から一番借金している。日本にとっても中国は米国を抜いて最大の貿易相手国だ。中国への進出企業数は日本が１位、２位は米国（2010年）である。

（6） グローバリズムに伴うナショナリズムの台頭

　グローバリズムの時代にある今日、転機に立つ国際政治やグローバル資本を阻害しかねないナショナリズム（国家主義）が台頭するのはなぜか。その政治的、経済的根拠は、第１に、覇権国家としての米国の凋落とグローバル経済の多極化によって、「冷戦」終焉後の世界秩序がかつてない危機と混迷に直面している、という国際政治の地殻変動である。第２には、グローバリズムと新自由主義が生み出した歪み―貧困・格差・不平等や労働・生活の「不安定」（プレカリテ）の拡大―、それに伴う国家秩序・国民統合の弱体化と危機（「国民の分裂」・左右への二極化）という副作用を解消・予防できない制度的（議会）政治の劣化である。こうした国際的・国内的な要因が、グローバリズムとナショナリズム、新自由主義と国家主義という一見、相対立するジレンマを抱えたアンチノミー（二律背反）の政治を生み出しているところに今日の特徴がある。

　仏極右政党（ＦＮ）の躍進や「反移民」を掲げる欧州でのネオ・ファシストの台頭、ロシアのナショナリズムの高揚などに見られるように、日本の安倍政権のナショナリズムへの傾倒も国際的には特異な例とはいえない。ただし敗戦帝国主義国日本の固有の「戦後レジーム」に孕まれた「負の歴史」が今日のファシズムの温床でもあるナショナリズムや右翼的偏向を生み出すベースになっていることは無視できない。とりわけ戦後憲法制定過程における天皇の戦争責任の免罪、過去の国家主義の過ちや戦争犯罪の追及・総括の不徹底、そして「沖縄の切り捨て」（46年４月の戦後初の選挙において沖縄の参政

権が剝奪された事実）を不問に付してきたこと。それが国民主義的「護憲」の欺瞞性、戦後民主主義の脆弱性と相まって国家主義を延命させるに至った歴史的根拠である。

　グローバリズムの時代に資本の「経済合理性」と矛盾する非合理な政治であるナショナリズム（国家主義）が台頭する根拠も、「人間らしく生きられる権利」を奪い取り社会保障を解体することによって、「弱肉強食」の貪欲な競争に人々を駆り立て、殺伐とした「ジャングルのルール」（グローバリズム・新自由主義の秩序）を維持するためである。草の根からの反乱のうねりに対抗して、国民統合の危機を隠蔽するためである。

　資本主義グローバリズムと新自由主義がもたらした「人間らしく生きられない」現実が、世界中で虐げられし持たざる者（排除された者、怒れる者たち）を、草の根からのプロテスト（抗議）に駆り立てている。一方でグローバリズムに伴う不安定（プレカリテ）な生活・雇用の広がり、格差の拡大は、国民統合の弱体化、社会の分極化、制度的政治の劣化といった副作用をもたらしている。この反作用としてナショナリズム（国家主義）の倒錯した排外的な動きの強まりというアンチノミー（二律背反）が見られる。私たちは、グローバリズム・新自由主義に対抗して、誰か（の生活や生存）を犠牲にして得られた「平和・繁栄」は、アン・フェア（不公正）であり偽善だと訴えていかなければならない。

　私たちは、①従来の運動から周縁（マージナル）化され、「人間らしく生きる権利」から排除された人々（移民、失業者、ホームレス等のマイノリティー）との草の根―底辺からの連帯。②制度的政治に依存しない路上の「直接民主主義」による行動スタイル。③政治権力や行政に従属したり補完勢力にならない「自律性」。この草の根主義、直接民主主義、自律性を重視する。こうした理念に基づいた「新しい社会運動」こそが、社会を変革する主要な構成要素、「権利要求の拠点」（ネグリ）、「権利を取り返すためのコミューン」（ハーヴェイ）になるべきだと私たちは考える。（2014年5月）

第2章　反格差運動への招待

　「格差」の問題は、いまや不公正・不平等が凝縮した社会問題として重大なテーマになっている。今日、私たちが生きているこの社会は、紛れもない「格差社会」だ。人々を弱肉強食のいわばジャングルのルールによって競争に駆り立てている。その殺伐とした掟に隷従させることでバラバラに分断し支配している。自らの労働力を売ることでしか生きられない。もし労働力を売ることができなくなれば「人間らしく生きる権利（生存権）」さえ奪われ社会的に排除される。暴利を貪る一握りの「持てる者」の対極に、人間らしく生きられる最低限度の生活さえ営めない大勢の「持たざる者」がこのような「隷属」（奴隷に等しい状態）を強いられている。これが「格差社会」の実相であり、それを生み出した資本主義の仕組みだ。その下では、「人間らしく生きられない」という苦しみ、怒りが世界に満ちている。

　そうした格差・不平等が、「持たざる者」「声なき者」の怒りを未曽有の規模に広げている。「反格差」の新しい社会運動が世界中に広がり大きなうねりを起こしているのである。2011年のスペインや欧州で吹き荒れた「怒れる者」（インディグナードス）の反乱や米国での「オキュパイ・ウォールストリート」の街頭での占拠・抗議行動に象徴されるように、それはグローバル資本に対するプロテストであり、「新たな変革のうねり」を示唆している。

　この反格差運動の基調をなしているのは、「草の根民主主義」である。その特質（エートス）は、①草の根レベルの連帯、②非制度的回路（体制外）の街頭での直接行動、③公正・平等な（人間らしく生きられる）権利を求めた直接民主主義の実践─これらを体現している点が共通している。それは、まさに前例のない「新しいうね

り」といえる。運動の担い手がどれだけ意識していたか否かにかかわらず、世界的な運動の連動性が国境を越えて強まっている。そのことの意味を国際的な文脈（コンテキスト）で捉えるべきだ。

トマ・ピケティの『21世紀の資本』は、消え入りそうな日本の格差問題への関心を刺激し再び燃え上がらせる油の役割を果たしたといえる。ピケティは、貧富の格差が、社会的な不平等を拡大させており、是正すべき社会問題として再認識することを促した。だが日本では、格差・貧困問題に対する関心（毎日の世論調査によると約7割が「格差拡大」を認識）はあるものの、「反格差」の社会運動はいまだ高まりを見せていないというのが実情だ。

それでも「反格差」は、今日に於る最大の社会問題であり、それは世界的なうねりになって広がっている。日本だけがいつまでも無縁でいられるわけがない。米国では大統領候補を選ぶ民主党の予備選で、民主社会主義者を自認するサンダース候補が、本命のヒラリー・クリントンを脅かすほどの接戦を演じた。それは、ウォールストリートを占拠した反格差運動に参加し怒りをためていた若者たちの支援の広がりが背景にあったからだ。格差・不平等を野放しにしてきたエスタブリッシュメント（既存体制派・支配層）と共和党のトランプのような国家主義者（懐古派）の台頭に対する怒りの高まりを示すものだ。まさに米国社会の「二極分化」を象徴しているといえる。

（1）　格差・社会的排除に抗う社会運動

格差社会の有り様を表すキーワードとして、今日、不安定を意味するフランス語の「プレカリテ」と、貧富や左右への政治の分極傾向を意味する「二極化」ということが指摘されている。格差問題は、世界の今を映す鏡だともいえる。社会の仕組みの歪さ、新自由主義の矛盾をまさに照らし出している。

新自由主義・グローバリズムは①規制緩和、②民営化、③社会保障解体の三位一体の政策によって一握りの金持ち・「持てる者」が

暴利を貪り富を独占する、という歪な格差社会を生み出した。それは大勢の搾取と貧困に苦しむ「持たざる者」の犠牲の上に成り立っている。「持てる者」・富裕層をより豊かにし、「持たざる者」をより貧しくしている。日本では、アベノミクスという「金持ち優遇策」によって、大企業はかつてない利益を得ている。大企業の内部留保金と呼ばれる儲けは350兆円に達したといわれている。

　この一方で、「最低限度の生活」さえできない、つまり「人間らしく生きられない」そういう貧困や不安定な生活に苦しみ社会的権利（労働、教育、生活等の権利）から排除され生存権さえ脅かされている人々が大勢いる。日本では、低賃金で不安定な非正規（パート・アルバイト・契約・派遣・日雇）労働者は今や全体の４割を占め、貯蓄ゼロは３割、相対的な貧困者は６人に１人の約２千万人、その半数の約１千万人が「最低限度の生活」さえ困難で公的扶助・生活保障を必要とする困窮者だ。

　日本等「豊かな」はずの先進国と呼ばれる社会に於ても、餓死には至らないまでも生活に困窮する現実—豊かさの中の「新たな貧困」という問題、つまり相対的な貧困問題、格差、不平等がかつてないほど広がり深刻化している。

　他方では、最富裕層・１％の「持てる者」が所有する資産は、世界中の富の50〜60％を占めている。富の60％が１％の「持てる者」の懐に入っているということだ。一握りの金持ちだけが、保守政治家と癒着し権力を操り荒稼ぎしているというのが今日の資本主義の実相だ。どう考えたって、こんな不公正・不平等を野放しにした社会は歪だ。誰かを犠牲にして成り立っている「平和・繁栄」は欺瞞であり虚構だ。「弱肉強食」はジャングルのルールであって、人間社会のルールじゃない。こうした不公正・不平等の拡大の責任は、政府が負うべきなのである。

　ところが日本の政府に至ってはＯＥＣＤ（経済協力開発機構）の08年調査による格差是正—改善力（貧困層への給付、富裕層への課税）は、最低レベルである。その結果、日本は貧困率と同様に「社会的孤立

度」の調査では先進国の中で最も深刻であることが明らかになった。これに関連して毎日社説（12年11・19）はこう指摘した。「『政府は自分で生活できない人を救うべきか』を聞いた国際比較調査がある。救うべきだと思わない人は、イギリス、ドイツ、中国が7～9％なのに対し、米国は28％、ところが日本は、もっと多くて38％だ。実際、税と保険料を合わせた国民負担率は、先進国の中で日本は低い。他人のための負担を嫌う国民なのか」と、格差社会の殺伐とした意識状況を照らし出した。日本の貧困率や社会的孤立度の高さは、社会保障や医療、教育への公的支出が先進国の中で最低レベルにあるという事実——裏返すと人々の権利意識が低いことと相関関係にあることが浮き彫りになっている。OECDの30カ国中、GDPに占める社会保障負担割合は日本は27位。教育や医療の支出割合も先進国中、最下位に近いレベルに切り捨てられてきた。その歪みが貧困層を直撃し苦しめているのだ。

　格差・貧困問題へのアプローチの仕方は、これまでおよそ3つあったといえる。1つは「反貧困」——貧困者支援や生活保護等の公的扶助によるいわゆる貧困対策としての救貧や防貧。2つ目は「反失業」——貧困の原因を主要に失業に求め雇用改善や非正規労働者の賃金及び最低賃金の底上げである。これらは必要なことだ。だが失業による所得の欠如といった経済的要因に限定したアプローチだけでは不十分である。失業率で見ると日本に比べて仏等欧州は高いのに貧困率は日本より低い。なぜか。貧困の原因を失業のみに求めるのではなく、社会保障のレベルに注目する必要があるのだ。

　そこで3つ目の「反格差」だ。それは一握りの「持てる者」への富の集中（資本蓄積）に焦点を当て、暴利を貪る者を野放しにしている社会の仕組みが、格差・不平等を拡大している原因であることを重視する。したがって経済的要因に還元するだけではなく、政治、社会、教育まで含めた広いフィールドから社会保障（年金、医療、失業保険や生活保障、就学支援）等の「社会的権利」にアクセントを置くことによって、この生存権の剥奪を意味する社会的権利からの排除

——「社会的排除」が先進国に於る新たな相対的貧困——格差を拡大させてきた大きな要因であることを指摘する。こうした社会的排除の観点——フランスでは98年に「反排除法」が、2010年にはEUで「貧困・社会的排除と闘うEU年」が制定され、13年の「グローバル社会的経済フォーラム」で採択された「ソウル宣言」に於ても言及された——は、新自由主義・グローバリズムに対抗するためにも、また従来の貧困概念を見直し、反格差運動にシフトする上でも不可欠である。

（2） 社会保障を解体し格差広げる新自由主義

　新自由主義・グローバリズムにとって、「格差」の拡大は失敗ではない。むしろ政策的な必要条件といえる。なぜなら社会保障制度の解体、社会的権利の剥奪が、新自由主義を支える政策の柱の一つだからである。新自由主義のイデオローグであるミルトン・フリードマンは、「(資本の蓄積を減少させてきた) 社会保障制度を次第に解体していけば、人が雇用を求める意欲を減退させるように機能しているこの制度の効果を消滅させていくことにな」る。福祉援助を受けている人々を「福祉政策に依存させておくよりは、低賃金で魅力少ない仕事であってもそれらの仕事に従事させるべきだ」(『選択の自由』) と唱えている。つまり新自由主義にとって、貧困の原因は貧困者自身の「怠惰」(労働意欲の減退) にあるとして「自己責任」にすり替え「怠け者」扱いすることによって、社会保障の解体と社会的排除を正当化するのである。それゆえ「最低限度の生活」を保障すべき政府の責任を不問に付し、公的扶助や生活保障を切り捨て、「就労自立」策を推進するのだ。

　私たちは、山谷を中心にした生活保護の取り組みを通して、この国の社会保障や医療、教育等への公的支出の低さ (先進国中で最低レベルにあること) を強く感じさせられてきた。とりわけこの生活保護制度を巡って最大の問題は何かというと、それは、生活困窮者が増大 (約1千万人) しているにもかかわらず、公的扶助を必要とする大

半の人たち（約8割の800万人）が、この生活保護制度を受けられず権利から排除されていることにある。政府の「不正受給」キャンペーンはこの社会的排除の深刻さから目をそらさせるための偽装（カムフラージュ）に他ならないのだ。

つまり社会保障を権利として認めていないからだ。戦前から続く「お上」による「施し・恩恵」であり生活保護を受けることを「行政の世話になる＝施しを受ける」ことだといやしめ、生活困窮者に「恥じる」意識（スティグマ）を刷り込んでいるのだ。これは行政の側だけではなく野宿者支援運動の中の一部の歪んだ活動家にも見られる。「最低限度の生活を営む権利（生存権）」がない無権利（権利剥奪）状態を放置する政府や行政の責任が、巧妙に不問に付され、社会的排除を最も被った人々（ホームレス、失業者、移民、移住労働者、障害者）を周縁（マージナル）化し「自己責任」（個人の努力）の問題に転嫁することによって「権利放棄」に誘導している歪さが背景にある。

この日本という国がいかに「人権後進国」「低福祉国」であるか。「人間らしく生きられる文化的で最低限度の生活を営む権利」を奪われ脅かされている人々がいかに大勢いるか。「社会から押し出され」（マルクス『ドイツ・イデオロギー』）、社会的排除を被って社会の底辺で困窮している「持たざる者」と連帯することによって、私たちは格差社会の歪さ―不公正・不平等な有り様をフォーカスし正すことができるのである。

新自由主義にとっては、社会保障や医療、教育への公的支出の削減と、労働市場の「規制緩和」（雇用の柔軟化）による不安定就労＝非正規雇用の拡大は、まさに政策的に一体なのである。「社会保障の解体」と「規制緩和」によって「格差」が拡大してもそれは必然であり失敗でもないのだ。したがって新自由主義に抗う反格差運動にとって、社会保障の解体による社会的排除と闘うことは不可欠な課題なのである。

暴利を貪り富を独占する「持てる者」の対極に、人間らしく生き

られない、最低限度の生活さえできない、そういう「持たざる者」に苦しい現実を強いている既成政治に一体どんな価値があるのか。もはや「民主主義」の名に値しないのではないか。「持たざる者」の多くにそうした怒りがマグマのようにたまっている。この怒りを組織し権利意識を高める社会運動を通じて民主主義を取り戻さなければならない。次世代に変革を促すバトンをつなぐこと、すなわち希望をつなぐことが、私たちの使命である。

　社会変革を準備するためにも、私たちは改めて労働運動や社会運動の存在意義を捉え直すことが必要だ。第1に権利を闘い取るための「拠点」、第2に格差・不平等と闘う社会運動の「支柱」として、第3に民主主義と連帯の「砦」として——労働運動や社会運動を再生していくことが今こそ求められているのである。

　そのためにも私たちは「未来に種を蒔く」。蒔かれた種は、やがて連帯し闘う力によって芽を出す。そして、いつか大きく育ち実を結ぶに違いない。それが私たちの「未来への希望」だ。

（3）　格差拡大と民主主義の危機

　世界で燎原の火のように広がった反格差運動は、新たな変革の時代の幕開けを予感させた。格差と貧困・不平等の荒野は、怒りと変革の炎をかき立てる薪に満ちている。反格差運動とは、「持たざる者」がくすぶらせている怒りの火種に変革の薪をくべる草の根の「新しい社会運動」に他ならない。注目すべき「変革の兆し」が見えてきたのである。

　グローバリズムに覆われている世界のどこかで起きたことについて、いかなる国も全く無関係などということはありえない時代になった。貧富の格差が拡大し深刻化する中、日本にも遅かれ早かれ、大なり小なり、反格差運動が波及する可能性は十分にありえる。「冷戦」終焉後4半世紀を経て世界の政治地図は大きく塗り替わっている。世界中で「革命の序奏（プレリュード）」が響いている。

　富裕層（持てる者）への富のより一層の集中、中間層の衰退（米国

では「ロスト・ミドル」と呼ばれている)、「新たな下層」の増大——つまり格差の拡大は世界的同時的に見られる傾向だ。それが政治的なリスクである「二極化」と「不安定」とも連動している。格差を「是正」しない限り、社会や政治の「二極化」と「不安定」は避けられないのだ。格差の拡大を放置したままでは、制度的政治に「安定」を保証することは困難になった。代表制民主主義は、民意から乖離し劣化するばかりだ。それがエスタブリッシュメント(既存体制派)、つまり「少数の選ばれた者・エリート」だけが政治を牛耳っている制度的政治への怒りを倍加させているのである(「エスタブリッシュメントへの挑戦を始めよう」と訴える米国のサンダース旋風)。世界の各国に共通するのは、「経済危機」というより、制度的政治が劣化し代議制民主主義が揺らいでいることだ。それゆえ、「民主主義を取り戻そう」という草の根からの変革のうねりが世界中で起きているのだ。英誌『エコノミスト』の民主主義指標で、日本は国際的な順位を下げ23位となり、「完全な民主主義」から「欠点のある民主主義」に格下げとなった。その原因に挙げられるのが、投票以外の「政治参加」と権利意識などの「政治文化」の低さ、つまり「草の根民主主義」(グラスルーツ・デモクラシー)の未成熟である。ここに日本の「政治」が直面している課題が照射されているといえる。

　格差問題の核心は、富裕層が政治(家)を「買収」し、それを通じて国家権力を「独占」していることにある。それが制度的政治の劣化、代議制民主主義の危機をもたらしている。格差問題を通して社会の有り様を分析すると、この社会の歪みが見えてくる。人の命よりもカネ儲けが優先され、人間同士がお互いを出し抜こうとする「弱肉強食」の競争に駆り立てている資本主義の本質が見えてくる。資本主義が格差を生み出すシステムである以上、戦後日本の「繁栄」も大勢の貧困に苦しむ人々を犠牲にして手に入れたものではないか。(『オリンピックの身代金』奥田英朗著　テレビ朝日2013年——64年東京オリンピックのための建設現場では、300人以上の日雇労働者が命を落とした。「プロレタリアの反逆」、「格差社会に対する怒り」を描いた)

（4） グローバル資本の暗部──タックスヘイブン

「タックスヘイブン」（租税回避地）を利用した富裕層や多国籍企業──グローバル資本による税逃れや資産隠しの実態を暴露した「パナマ文書」（ICIJ 国際調査報道ジャーナリスト連合）が世界を震撼させている。

この問題は、各国で深刻化する「格差問題」の面からもクローズアップされ国際的な世論の批判を浴びている。しかもタックスヘイブンは、たとえ合法であっても「法の下の平等」を原則とする民主主義の根幹にかかわる問題でもあるのだ。

英国では保守党の首相キャメロンが、この批判にさらされている。その背景には、英国社会に根付いている「フェアネス（公正さ）」の精神土壌があるといわれる。消費税の引き上げ、社会保障の削減で人々の生活が苦しくなって、恩恵を受ける富裕層との格差が広がっているのに金持ちだけが特権的な税逃れをする。これは「アンフェアではないか」との怒りの声が高まっているのだ。

タックスヘイブンには、利潤を求めて世界中を徘徊するグローバル資本・多国籍企業や富裕層──持てる者たちが群がる。「パナマ文書」は、その暗部を照らし税負担の不公正、不平等に対する怒りに火を付けた。5月9日、トマ・ピケティ氏ら世界の約350人の経済学者らが、タックスヘイブンをなくすよう求める書簡を発表した。「タックスヘイブンは富裕層や国際的な企業を利する一方、それらの利益は他の人の犠牲の上にあり、不平等を拡大させている」と批判。

だが多国籍企業の「課税逃れ」への封じ込めや監視強化の動きに対して、日米欧の企業トップらグローバル資本による「ビジネス版サミット」（4・21東京）は、「国境をまたぐ投資や貿易を阻害する」と反対の宣言を公表。英国や米国は、海外の領土（植民地）や国内に租税回避地を抱える。そこで蓄えた資金は、ロンドンやニューヨークの金融市場で取引されるため、グローバリズムの金融パワー

の源泉になっているからだ。

　「トリクル・ダウン」という新自由主義の考え方がある。大企業や持てる者が潤えば、中小企業や持たざる者にも富や恩恵が「したたり落ちる」という意味だが、それはまったくの虚構だ。現実に見えたのは格差・貧困に苦しむ持たざる者のしたたり落ちる涙のしずくだ。富裕層や大企業等の持てる者は減税の恩恵を受ける一方で、持たざる者はより一層搾り取られている。タックスヘイブンは、世界経済を歪める強欲で狡猾な「ブラック経済」だ。まさに「腐ったビジネス」（告発者の言）は、やめさせるべきなのだ。

　「格差問題」には、社会の歪み・矛盾が集約されている。暴利を貪り富を独占する一握りの「持てる者」の対極に、人間らしく生きられない、最低限度の生活さえできない、そういう大勢の「持たざる者」が不安定な生活や労働、苦しい現実を強いられている。「弱肉強食」といわれるいわばジャングルのルールによって、人々を殺伐とした競争に駆り立て、ばらばらに分断している。これが紛れもない「格差社会」の実相であり、「二極化」とフランス語で不安定を意味する「プレカリテ」が、その有り様を表すキーワードだ。

　世界では今、「人間らしく生きられる」ための権利と尊厳を希求する「新しい変革のうねり」が広がっている。それは欧州での「インディグナードス（怒れる者）」の反乱や米国「オキュパイ・ウォールストリート」（2011年）に象徴される格差・不平等へのプロテストだ。グローバリズムに覆われた世界のどこかで起きたことに無関係などということはありえない時代だ。日本にも遅かれ早かれ、大なり小なり、反格差運動が波及する可能性は十分にある。そのための準備を怠ってはなるまい。反格差運動を通して社会の矛盾を見据え、人間らしく生きられる権利と民主主義をつかみ取るための草の根の連帯が今こそ求められている。

　世界が大きく変わりつつある21世紀の今、社会の変革は、平坦でも直線的でもない。紆余曲折があり、アップダウンがあり、試行錯誤を重ねずにはおかない。それでも始まった変革の胎動は、後戻り

することはない。体制側・守旧派からの揺り戻しや反動が起きても、それは時代が大きく変わるためには避けられないプロセス（産みの苦しみ）の一つだ。

　チョウのはばたきのように小さなパワーが大きな成果をもたらす現象を、「バタフライ・エフェクト」という。とるに足らない存在と見なされていたものや少数派が、社会を根本から変えうるという可能性に注目せよ、ということだ。2011年の「インディグナードス（怒れる者）」の異議申し立てや「オキュパイ・ウォールストリート」のプロテストは、まさに草の根からの「バタフライ」現象ともいえる。まさに「Be Visual（可視化せよ）」——権利を手にしようと呼びかけた93年のゲイ・パレードの合言葉——が必要だ。

　「21世紀　世界は変えられる！」革命の序奏（プレリュード）が国境を越えて響いている。　　　　　　　　　　　　　　　（2016年5月）

第3章　パレスチナに自由を！

　私が今回（2014年10月）で7回目、3年ぶりに訪れたパレスチナでは、10月初旬からエルサレムやヨルダン川西岸自治区各地でパレスチナの若者とイスラエル治安部隊との衝突が増大しつつあった。今では新たな（第3次）「インティファーダ（民衆蜂起）」の兆しとの指摘も出ている。

　背景には、イスラエルによるユダヤ人入植地の拡大（10月末に東エルサレム近郊に1000戸余り、11月には200戸の建設計画を発表）や占領の長期化、今夏のガザ攻撃等イスラエル政府の横暴と、それに対抗できないパレスチナ自治政府に対する不満や不信、閉塞感の高まりがある。

　こうしたイスラエルの占領政策や迫害に苦しめられているパレスチナの現状を、現地訪問―国境を越えた草の根の連帯を通じて知ること、世界のいびつな現実をできるだけ多くの人に知らせていくことは、私たち NO-VOX の重要な使命である。

（1）　パレスチナ問題のキーポイント

　パレスチナ問題とは、言いかえるとイスラエルによる占領とそれに抵抗するパレスチナの対立ということである。パレスチナの人々の苦境の根本的原因は、イスラエルの占領―植民地化政策によって土地や自由、権利、そして命や未来までも奪われていることにある。そのパレスチナ人が「人間らしく生きる権利と尊厳」を取り戻すための闘い・抵抗に他ならないのだ。なぜ、いまだにイスラエルの不法な占領を終わらせることができないのか。パレスチナ人の生きる権利・自決権が、なぜ、いまだに保障されていないのか。国際社会は、なぜそれを不問に付して傍観し続けるのかという不公正（ア

ン・フェア）な態度こそが問題なのである。パレスチナの人々は世界中の「持たざる者」同士の連帯を待ち望んでいる。

　今夏（7〜8月）、約50日間で2200人以上の命を奪ったイスラエルのガザ攻撃は、「国家によるテロ行為」そのものであり「集団懲罰」を禁止したジュネーブ条約等の国際法違反の犯罪行為である。国際人権法もパレスチナでは、まるで適用外のようだ。ガザの現実は文字通り「世界最大の監獄」とも呼ばれている。（※参考資料にラジ・スラーニ氏のメッセージ）

　私たちが約10日間訪れたヨルダン川西岸のパレスチナ自治区——自治区といっても「自治権」が及ぶのはその約3分の1で3分の2はイスラエル軍の占領下に置かれている——には約150カ所のユダヤ人入植地（西岸全体に50万人、東エルサレムに20万人）が、小高い丘の上等にまるで要塞のように軍事的戦略的に点在している。実際、入植地の建設・管理は国防省によって行われている。イスラエル政府は、入植地を拡大し続けることを通じてパレスチナの占領を強固にし植民地化しているのだ。

　さらにパレスチナ人の農地や井戸水を奪い、分断し隔離するための壁（アパルトヘイトウォール）が、高さ8ｍ、全長約700㌔にわたって建設されている。イスラエルは、東エルサレムを併合しようと壁で囲い込み西岸地域と分断している。また東エルサレムではパレスチナ人を追い出すために年間約100件の家屋破壊命令を出しているのだ（ICAHD・家屋破壊に反対するイスラエル委員会）。

　もちろん占領も入植地建設も国際法に違反している。だがイスラエル政府は、パレスチナは「占領地」ではなく単なる「係争地」にすぎないと開き直っている。2004年に「壁」を違法であるとしてその撤去等を勧告したハーグ司法裁判所の決定にも従わない。

　パレスチナの西岸地域では、こうした隔離壁に対する抗議デモが毎週金曜日（イスラム教の休日）に各地で行われている。私たちが今回も参加したビリン村のデモは欧米等世界各国からの活動家や占領に反対しているユダヤ人も参加して10年間続けられている。09年

4・17には、そのリーダー的存在だったバッセムさんが催涙ガス弾の直撃を受けて殺され、多数の若者らが逮捕・投獄されている。今回のデモに対してもイスラエル軍は催涙ガス弾を容赦なく撃ってきた。一瞬、眼が開けていられなくなり呼吸が苦しくなるほど威力は強烈だった。

イスラエル軍は、たとえ投石であっても「小火器と同様のテロ」と見なして弾圧し、ゴム弾や時には実弾も撃ってくる。ユニセフ（国連児童基金）の報告書（13年3月）によると、過去10年間でイスラエル軍に逮捕された12歳〜17歳のパレスチナ人少年は、推計約7000人で、1日平均2人、弁護士の接見なしで90日間拘留可能とされ、人権は著しく侵害されている。殺害されたバッセムさんの兄アフマドさんは「人と人との草の根の連帯こそが大切」と訴えて今もデモの先頭に立つ。弟と妹の2人をイスラエル軍に殺された兄ならではの思いが、聞く者の胸に響く。イスラエルによって自由を奪われ、屈辱感や孤絶感にさいなまれて時には心が折れそうになりながらも、パレスチナの人々にとって「そこで生きること、存在すること」そのものが抵抗することであり、「人間らしく生きる権利と尊厳」を取り戻すための闘いに他ならないのだ。崩せない壁はない。

もちろんパレスチナ人の中にもイスラエル側に寝返ったり協力する者はいる。一括りにすることができないほど連帯を妨げる厳しい現実があるからだ。イスラエル社会やユダヤ人内部にも差別と分断があり、政治的亀裂も深刻化している。少数派ではあっても占領やガザ攻撃に反対する人もいる。イスラエルのハアレツ紙のユダヤ人女性記者で占領に反対しているアミラ・ハスは、「私が言っていることは『傍観者』にはならないということです。傍観者であるということは『無関心』だということです。つまり不正義に対し無力感を持ち何もしないということです」（『パレスチナから報告します』筑摩書房）と語っている。

（2） パレスチナに連帯を！

　今回のパレスチナ現地の旅で私はナブルスの抵抗の拠点バラタ難民キャンプや遊牧民ベドウィンのキャンプ、ベツレヘムではドゥヘイシャ難民キャンプや隔離壁のすぐそばにオープンしたバンクシーショップなどを訪問した。ポリティカルツアーのパレスチナ人ガイドからは、イスラエルに暗殺されたPFLPのガッサン・カナファーニの言葉が紹介された。またエルサレムやラマッラー、7割以上がパレスチナ人のヨルダンのアンマンの通りでは、私が胸につけたパレスチナの旗のバッジに目を止め、「ウェルカム」とか「ありがとう（シュクラン）」と言って握手してくるパレスチナ人に何人も出会えた。そのたびに私は胸が熱くなった。

　アジアの東の端の日本から西のパレスチナへは約1万㌔離れている。でも「持たざる者」同士には国境はない。ただ確かに遠い。何故そんな遠くへ行くのか。私は、世界を知らない者は、結局自分たちのことも知らない。世界の現実を知ることで、自分たちの現状や問題を理解したり相対化することができるのではないかと思う。

　不公正や不平等にまみれた世界のいびつな現実を知ることができなければ、怒ることもできない。本当に怒るべき対象に怒れなかったり、誰か（あざとい活動家や政治家）にミスリードされたり騙されたり諦めや無関心に支配されやすくなる。

　自由を奪われているパレスチナの窮状を目にしながら「私に何の関係があるのか」と無関心を貫く人々の態度が、イスラエルの横暴を許すことになっている。加害者と被害者だけではない。傍観者がいることで、いびつな現実は成り立っている。そうした無関心さが「終わることのない苦しみの中にいる人々。テロリストと呼ばれようが抵抗する人々」（DVD『アラブの夢』より）—パレスチナの人々に苦境をもたらしているのではないか。

　10月30日、スウェーデン政府は正式にパレスチナを国家として承認したことが報じられた。既に130カ国以上がパレスチナを承認している一方で、イスラエルの後ろ盾になっている米国の顔色をうか

がう日本や欧州の主要国の多くは、いまだに承認していない。パレスチナにとって「和平とは、イスラエルによる占領を終わらせることであり、入植活動とは、その占領を強固にするもの」（ガッサン・ハティーブ、ビルゼイト大学副学長）なのである。

「パレスチナの解放」にとってのキーポイントは、①パレスチナ人自身の抵抗力、②イスラエル内の占領反対の世論、③国際的なパレスチナ連帯——これら３つを高め結び付けることであろう。

「人間らしく生きられない」いびつな現実への「怒り」を共有し「怒り」によって「連帯」する。そして「連帯」して「行動」することが、「声なき声」をあげていく基本スタイルではないか。「抵抗がある限り諦めることはない！　闘いある限り希望がある！」ことを私はあらためて実感させられた。

(2014年10月)

〈参考資料〉

下は、パレスチナ人権センター（95年創設）代表のラジ・スラーニ氏がガザ地区の窮状を訴えたメッセージ（2014年８月３日）である。

「ガザ地区を襲っている死と破壊を、言葉で言い表すのは不可能だ。〈中略〉イスラエルはハマースに対し政治的圧力をかけるために民間人を意図的に懲罰している。イスラエルは、ガザ地区の180万市民を集団的に懲罰しているのである。〈中略〉

私たちは、ジャスティスを要求する。イスラエルが責任を取ることを要求する。私たちは、人間として遇されることを、私たちの人間としての尊厳が認められることを要求する。私たちはガザ地区の封鎖が終わることを要求する。

過去７年間、イスラエルはガザ地区を完全封鎖してきた。国境の扉を閉じ、ガザを徐々に窒息させてきた。意図的な反開発のプロセスに私たちを従属させてきた。目下の攻撃が始まる前、住民の65％が無給ないし失業状態だった。85％が国際機関が配給する食糧に依存していた。ガザ地区では受けられない救命治療を必要とする患者

たちは、ガザ出域許可の発給を拒まれ死んだ。

　封鎖下で生きること、それは『人間の』生ではない。私たちはこの現実に戻ることはできない。私は、さらに7年間、同じように生きることなど想像できない。封鎖は、希望がないことを意味する。ガザの若者たちに未来がないことを意味する。仕事もない。ガザを離れるチャンスもない。戦争になっても、私たちは逃げることができない。

　だが、封鎖はガザ地区の現実の半分に過ぎない。もう半分は、法の支配がまったく存在しないことだ。戦争犯罪があっても、不処罰が繰り返されてきた。封鎖それ自体が戦争犯罪だが、これはイスラエル政府の公式政策なのだ。これに加え絶えず攻撃にさらされ大規模な攻撃は今回で封鎖が始まって以降3回目だ。文字通り何千人もの民間人が殺されてきた。さらに何千軒もの家や生活が破壊されてきた。〈中略〉

　ここに公正さなどかけらもない。これらの絶えざる戦争犯罪の衝撃の大きさと、にもかかわらず結果的に処罰がなされないことが、私たちの尊厳そのものを否定し、私たちの人間としての価値を否定している。〈中略〉

　このような現実が存在する中で私たちの要求は過大なものではない。非現実的でもない。私たちは平等な存在として扱われたい。私たちの権利を尊重し、それを守ってもらいたいのだ。私たちは国際法がイスラエルにもパレスチナにも、イスラエル人にもパレスチナ人にも平等に適用されることを求める。〈中略〉

　私たちは、この封鎖が終わることを欲する。イスラエルの封鎖政策の違法性は疑う余地がない。滅多にないことだが、国際赤十字はその公式声明の中ではっきりとイスラエルの封鎖政策は集団懲罰であり、国際法を侵犯していると明言している。この政策が何をもたらしたかは、ガザ地区の現実を見れば明らかである。

　私たちは、封鎖が解除されることを求める。私たちは、人間として尊厳を持って生きる機会が欲しい。これは不当な要求だろうか。

これは政治的要求ではない。人間として扱ってほしいという要求である。停戦だけでは、この苦しみは終わらない。爆撃によって死ぬ恐怖が、じわじわと首を絞められて死ぬ恐怖にとって代わるに過ぎない。私たちは、イスラエルが好きな時に残忍な破壊攻撃でガタガタ言わせる檻の中の囚人に戻ることは出来ない。」(翻訳・岡真理)

(3) 国境を越えた連帯が世界を変える！

イスラエルは、占領下のヨルダン川西岸でユダヤ人入植地を拡大する一方（約150カ所、50万人、東エルサレムに20万人）、占領に抵抗するパレスチナ人には、容疑者の家族が暮らす自宅を爆破して破壊するなど報復（国際法のジュネーブ条約で禁じられている集団懲罰）を徹底している。ガザ地区に対しては「テロ対策」だとして封鎖し「天井のない監獄」とも呼ばれる中で、住民の8割が国際機関の援助を受けて生活している。イスラエルは、ハマスへの報復攻撃と称して過去7年で3600人以上を殺害した。また未成年のパレスチナ人の逮捕・拘束（過去10年間で約7000人）も続け、スパイになることを強要するなど国際社会の非難をたびたび浴びてきた。

こうしたイスラエルの占領政策に通底するのは「抑止力」の発想だ。圧倒的な抑止力（軍事力）こそが敵の戦意を喪失させ安全確保につながるという考えだが、そうした「冷戦」時代と変わらぬ時代錯誤の思考─行動様式そのものが新たな敵意を増大させる、という皮肉な連鎖に囚われていくことになる。そのイスラエルに米国は、毎年30億ドルの軍事支援を提供。イスラエルに圧倒的軍事力を持たせることが中東の安定につながるという政策だが、その中東政策自体も既に破綻している。

軍事植民地国家イスラエルの存在そのものが、中東地域の平和を脅かし不安定化の最大の要因といえる。イスラエルのネタニヤフ政権は、パレスチナに対する占領をやめられず国際的な孤立を深めている。「あえて外に強硬な姿勢で臨む裏には、内部の問題（貧富の格差の拡大等）から国民の目をそらし、反発をやわらげる意図もうか

がえる。大胆な行動は、逆に弱さの表れなのだ」(2015年1・4朝日新聞社説)。

パレスチナの人々の生活は、イスラエルの占領—植民地化政策の下で抑圧され自由を奪われている。未来への希望を失いパレスチナ自治政府への不満や失望を募らせる若者も少なくない。イスラエルに一方的に併合された東エルサレムの人口は約30万人でエルサレム（東西）全体の37％。子どもの約半数が未就学あるいは就労のために退学している。所得が平均値の半分に満たない人の割合（貧困率）は、2000年に60％だったが、12年には75％に拡大。東エルサレムは、イスラエルの併合下にあるため、パレスチナ自治政府は関与できない。イスラエル政府からはパレスチナ市民は差別的な扱いを受け、年間100件の家屋破壊命令も被っている。こうして結果的にイスラエル政府とパレスチナ自治政府の両方から「見捨てられた存在」になっている。琉球大学に留学していたビルゼイト大学の研究者フセイン・アルマスリ（33歳）さんは「占領が続いているパレスチナと沖縄は似ている」と語る。

パレスチナには、世界の歪みが凝縮している。イスラエルは、パレスチナ人をテロリストと決めつけ、自らの理不尽な占領を正当化し続けている。こうしたイスラエルによるパレスチナの占領を、なぜ国際社会は、いまだに終わらせることができないのか。パレスチナの苦境や「孤絶感」（E・サイード）は、国際社会から忘れ去られるほど深まる。

戦争の最も強大な共犯者は、無関心であること、つまり傍観者になることだ。無関心な傍観者にならないことは自らの意志でできる。私たちは非力であっても無力ではない。未来を変えることがいかに困難であったとしても不可能ではない。だから未来は変えられる。私たちは未来を諦めない。未来に希望の種に蒔こう！ (2015年5月)

エピローグ　希望と情熱の灯火を！

本書の動機

　本書を世に出すことは、私にとって10年来の悲願だった。この「時期」に、私に出版を決意させたのは、およそ3つの動機、背景というか時代の後押しのようなものを感じたからだ。

　第1に、昨年、国会周辺を埋め尽くした安保法制反対のデモに象徴される、草の根の連帯に基づいた大衆的でダイナミックな直接行動の新たなうねりである。

　第2に、劣化して危機にある制度的政治―代議制に対して、またグローバリズムに伴う格差・不平等の拡大に対して、非制度的回路（体制外）から草の根レベルで民主主義（デモクラシー）を取り戻そうとする意志と行動の表れ、しかもその世界的同時的な進行である。

　第3に、こうした①草の根の連帯、②非制度的体制外の直接行動、③草の根民主主義（グラスルーツ・デモクラシー）―この3点をメルクマール（指標）とした「新たな変革のうねり」がおし寄せ、またとない「時機」の到来にもかかわらず、この国の左翼は、すっかり淀んでしまって存在感すら失ってしまったことだ。

　「変革の予兆」に満ちた時代を迎えて、私は潮目が変わったことを実感した。世界を変えるために、「未来は変えられる！　希望は取り戻せる！」そういう心に響くメッセージを今こそ届けたい、「このままでは終われない」、と思ったからである。それが本書を出すに至った最大の動機である。

私の原点とモーメント

　私は、いわゆる「68年世代」や「全共闘世代」と呼ばれた団塊の世代より3―6年若い。青年期の時代状況の違いは、年齢の差以上に、考え方や行動の有り様に大きなギャップをもたらしている。70

エピローグ

年安保闘争の潮が引いた後の混迷と分裂の時代に遅れて新左翼運動に加わった世代ゆえに、私は自らを「引き潮世代」とか「貧乏くじ世代」と自虐的に名づけている。

私の出身高校（釧路湖陵）の3年先輩に大道寺将司（東アジア反日武装戦線を名乗り爆弾事件で死刑囚）がいて、私が小学生時代を過ごした網走の出身者に永山則夫（連続射殺事件の死刑囚で97年に死刑が執行された）がいる。この同郷の2人の「死刑囚」は、対照的な人生を歩んだといえる。一人は「政治犯」であり、もう一人は「一般刑事犯」。だが、その違いはあっても、同時代の苦悩と困難、青年期の葛藤と蹉跌、そして失意を心の奥底に沈殿させていたところに、あの時代を生きた青年に共通した苦悶を私は見る。この2人の出身地である釧路と網走OKHOTSKは、転校生（網走、帯広、室蘭、そして釧路で小一中学生）だった私にとっても故郷である。「何のために、どう生きたらいいのか」、が分からないから真剣に自分自身と向き合い悩んだ。高校3年生の時には、「日本を出たいから」とモスクワ留学を社会党支部に掛け合ったりもした。浪人時代は受験の道からどんどん外れて、奈良に興福寺の阿修羅像だけを見に何十回となく足をはこんだ。京都の学生時代には、状況劇場の芝居を幾度か見にいったり、浅川マキのコンサートのスタッフにもなった。放浪のはて、旅に出てOKHOTSKの流氷の海を凝視しながら、「いまの自分はこれでいいのか」と、自問しポジとネガの間を行ったり来たりを繰り返していた。振り返れば青臭さが一杯で赤面してしまうほどだ。不器用にこうした脇道や回り道ばかりを選んで逡巡した青年期、怒れる若者たちの時代—その「原風景」と重なり合って、そこは、私の旅立ちの「原点」（出発点であり基点）でもある。

関西の地で大学に入り、初めて「部落差別」の実相を知ってカルチャーショックを受けて以降、私は東京の山谷、大阪の釜ヶ崎という社会の底辺に虐げられた下層労働者を支援する運動に参加した。戦闘的労働運動の壊滅を図った国家権力と一体になって襲いかかってくる右翼暴力団と対峙していた山谷の闘いの渦中で右翼団体国粋

会によって84年12月22日に佐藤満夫さんが、そして86年1月13日に山岡強一さんが、それぞれ包丁と銃で暗殺された。闘いの途上で斃れた2人の死は、私にとって活動家としての生き方を左右した衝撃的な出来事であった。今でも2人の死に様は忘れられない。彼らの死を無駄にする訳にはいかないという思いが胸の中にあるからだ。

　山谷での活動、三里塚の成田空港反対闘争、部落や「障害者」の解放闘争、またパレスチナや韓国の民衆との国境を越えた連帯運動、こうした生きた現実の闘いから学んだことは、私の生き方、闘い方の大きなモーメント（拠り所）になってきた。今も革命への希望と情熱をたぎらせる源泉になっている。現実に生きる人々の苦しみから目を背けて、社会や政治、歴史や未来を語ることはできない。苦しみの中に宿った怒りに共感する「熱き心（ハート）」と「連帯して闘おうとする心（マインド）」がなければ、情勢を捉え変えることはできない―と。人々の苦しみや怒りが、私自身を変えた。

　私は、「新しい社会運動」―社会の底辺に虐げられた者との連帯、国境を越えた持たざる者の連帯を通して、社会運動の新時代を拓くことによって、社会の底辺や世界の片隅に追いやられ「排除された人々」の存在に光が当たるようにしたい。それが、世界を根本から変えるための重要なモーメント（契機・拠り所）であり、いま私が担っているNO-VOX（格差・貧困・社会的排除に抗い、国境を越えて連帯する社会運動の国際ネットワーク・「声なき者」Voiceless People）のポリシーであるからだ。私は、サパティスタのスローガンにある「崩せない壁はない！越えられない塀はない！開かない扉はない！」「問い掛けながら前へ進め！」というメッセージに強く心を揺さぶられてきた。次世代にも伝えたくて何度も紹介してきた。「未来に希望の種を蒔く」ためには、何よりも自らの「立ち遅れ」や「いたらなさ」を直視し問い掛けながら「試練の旅」に踏み出すこと、「学ぶこと」を通して、「考え方と行動次第で、人は変わる、世界は変えられる」ことを、情熱を込めて訴えたいからである。

いまだ試練の旅の途上

　私には、たぶん「政治」は向いていない。人と群れること、組織や集団も苦手である。でも世界を変えるということは、好き嫌いの問題ではない。歴史的な使命だ。そういう思いがあったからこそ、「流れる水は腐らず」、淀んでいては腐ってしまう—と、心をかきむしりながら「何くそっ」とあがいてきた。また組織や運動体の中によくある不条理や歪みにも、周りとぶつかって波風を立ててでも異を唱えることをためらわなかった。権威にはおもねらない。ありきたりのことはやりたくないから常識や通念、流れには逆らう。そんな「型破り」の反骨精神ゆえに、活動家にありがちな自己満足や傲りに陥らずに済んだのかもしれない。

　躓いたり挫けたり失敗することもある。意のままにならず苛立ったり、みっともないぐらいジタバタもがく。時には悔恨に唇をかんだり、苦い記憶や失意に心が苛まれ折れそうになることもある。蹉跌や失意も「試練の旅」の一部だ。私にとってこの「試練の旅」は「いまだ途上」にある。人は旅によって磨かれる。ゲバラのように。自分の「弱さ」を知り、それと向き合うことで、人は初めて「強さ」を得ることができるからだ。情熱の火を絶やさず、未来を諦めない心の中にこそ希望は宿る。

　「情熱」は、目的や理想、自らの対象に向かってエネルギッシュに努力を傾ける人間の本質的・内在的な原動力である、と『経済学・哲学草稿』でマルクスは言った。また「希望」とは、もともとあるものとも、ないものとも言えず、地上の道のようなものだ、と魯迅は語った。そして「もともと地上には道はない。歩く人が多くなれば、それが道になる」と結んだ。要するに言葉だけではなく行動によって「希望」への道は切り拓かれるということであろう。荒野を耕し、種を蒔く。花が咲き実を結ぶ日まで、どこまでも歩を進める。それがやがて「道」になっていくことに希望と情熱を燃やしながら。

　革命は、「未完の試練の旅」に他なるまい。容易にはたどりつけ

ない険しく遠い道程、終わりのない旅だと分かってはいる。仮に到達できなくても、それに近づくことはできる。歩を進めれば、それが道になり、必ず後に続く者はいる。挫折や失意と背中合わせの試行錯誤を重ね、その先に夢を見、希望を抱く。それに向かって情熱を注ぎ、いくつもの試練を乗り越えて、どこまでも諦めず切磋琢磨すること、それが私たちに求められていることであろう。ゲバラのように「何を夢見て、どう生きたか」―それが、人々の心の中に記憶され生き続けるにちがいない。未来は、どこまでも「希望と情熱」の灯火を絶やさず、いくつもの国境とさえぎる壁を乗り越えて、「革命の種」を蒔き続けた者たちを、決して忘れないであろう！漆黒の暗闇に輝き、進む方向を指し示してくれるポーラスター（北極星）のように、「希望の赤い星」たれ！

　本書を、いまは亡き山岡強一、新里金福、全泰壱（チョンテイル・韓国）、ガッサン・カナファーニ（パレスチナ）、ステファン・エセル（フランス）、そして50年前、革命の途上で斃れたチェ・ゲバラに捧げる。

原　　隆（はら・りゅう）

1952年北海道生まれ。釧路湖陵高校卒。74年大阪芸術大学入学。大学中退後、山谷、沖縄、パレスチナ等の連帯活動やNO-VOX（声なき者のネットワーク）の社会運動に参加。
社会運動や政治思想に関して著述。琉球空手歴25年の武道家でもある。

21世紀　世界は変えられる！──世界に響く革命のプレリュード

2016年7月25日　初版第1刷発行

著　者：原　　隆
装　幀：右澤康之＋原　　隆
発行人：松田健二
発行所：株式会社社会評論社
　　　　東京都文京区本郷2-3-10　☎ 03(3814)3861　FAX 03(3818)2808
　　　　http://www.shahyo.com
組版：スマイル企画
印刷・製本：倉敷印刷